圖解 有趣到睡不著

趣味希臘神話

島崎晋 著
SUSUMU SHIMAZAKI

情婦塞墨勒被
宙斯的雷火燒死
賽姬看了丈夫
厄洛斯的真面目
巨神阿特拉斯
支撐著天空
英雄忒修斯打倒
怪物米諾陶洛斯

晨星出版

前言

大家是否注意過，很多日本的漫畫或遊戲角色會跟希臘神話的神明或英雄同名呢？女性角色如雅典娜或阿提米絲，男性角色如宙斯或波賽頓、阿波羅、阿基里斯為代表。想必不少讀者都聽過擁有希臘神祇之名的角色。

例如以前橫山光輝的漫畫《巴比倫二世》中，波賽頓就以主角僕人的身分登場。這部作品初次發表的時間是１９７１年，筆者也曾經讀過。

當時我童心正盛，輕易地接受了怪鳥布洛斯和黑豹外型的羅秀蘭，卻覺得在海中戰鬥時登場的人型機器人波賽頓很奇怪。如果是擅長海中戰鬥的機器人，做成魚或恐龍的樣子不就好了，為什麼要做成人型？我懷著這樣的疑問，直到上了中學後，讀完鮑芬奇（Thomas Bulfinch）著、野上彌子翻譯的《希臘羅馬神話與印度北歐神話》（岩波文庫）後，疑問才終於獲得解答。

角色的名字之所以化用自希臘神話，是因為日本人也覺得耳熟能詳，且希臘神話在海外已經被廣為接受的關係吧。

不僅是神話，古希臘文化本身就是西洋文明的起源，同時也被認為是人類共同的知識遺產。篤信古希臘信仰的宗教團體如今已經不存在了，它在基督教國家也並未以民間信仰的方式保存下來。因此，使用它時不需擔心有任何反對聲浪，且知名度很高，但沒有著作權問題，世界上的創作者們想要爭相進行衍生創作也屬必然。

只是，就算知道個別神明的名字和片斷的故事，僅有極端稀少的人能準確掌握各自神明的能力屬性、親屬關係與整體故事。明明只要了解這些知識，樂趣也能變成好幾倍……

所以，本書就是給希臘神話的外行者，或是只知道一部分故事的人，只要讀完這一本，無論是誰應該都能成為希臘神話通。

如果透過本書，可以讓更多人對希臘神話瞭若指掌，或是實際去希臘旅行，那就太好了。

2020年7月

島崎　晋

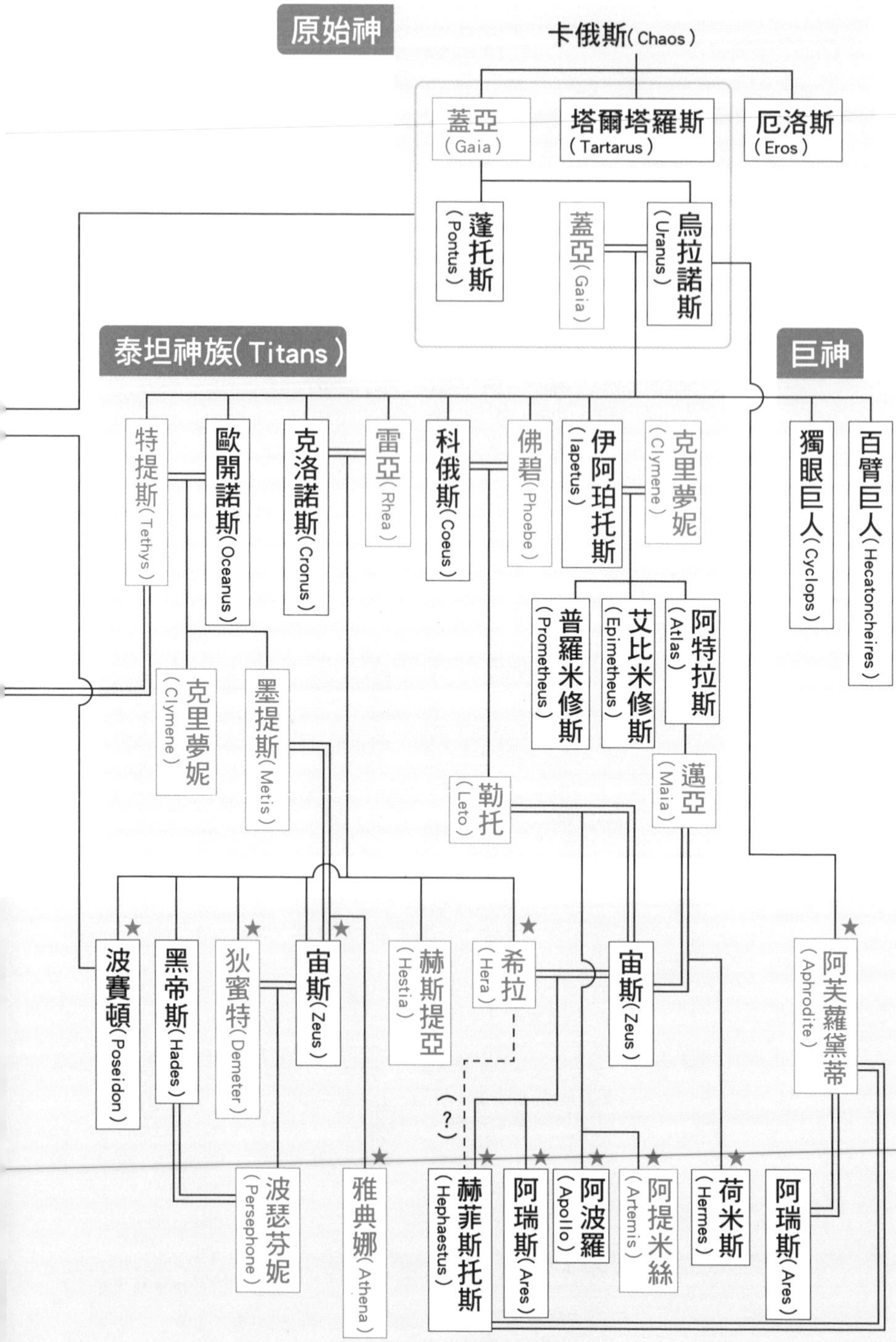

原始神
卡俄斯(Chaos)
蓋亞(Gaia)
塔爾塔羅斯(Tartarus)
厄洛斯(Eros)
蓬托斯(Pontus)
蓋亞(Gaia)
烏拉諾斯(Uranus)
泰坦神族(Titans)
巨神
特提斯(Tethys)
歐開諾斯(Oceanus)
克洛諾斯(Cronus)
雷亞(Rhea)
科俄斯(Coeus)
佛碧(Phoebe)
伊阿珀托斯(Iapetus)
克里蒙妮(Clymene)
獨眼巨人(Cyclops)
百臂巨人(Hecatoncheires)
普羅米修斯(Prometheus)
艾比米修斯(Epimetheus)
阿特拉斯(Atlas)
克里蒙妮(Clymene)
墨提斯(Metis)
勒托(Leto)
邁亞(Maia)
★波賽頓(Poseidon)
黑帝斯(Hades)
★狄蜜特(Demeter)
★宙斯(Zeus)
赫斯提亞(Hestia)
★希拉(Hera)
宙斯(Zeus)
★阿芙蘿黛蒂(Aphrodite)
(?)
波瑟芬妮(Persephone)
★雅典娜(Athena)
★赫菲斯托斯(Hephaestus)
★阿瑞斯(Ares)
★阿波羅(Apollo)
★阿提米絲(Artemis)
★荷米斯(Hermes)
阿瑞斯(Ares)

希臘神話中登場的主神、英雄、怪物譜系圖

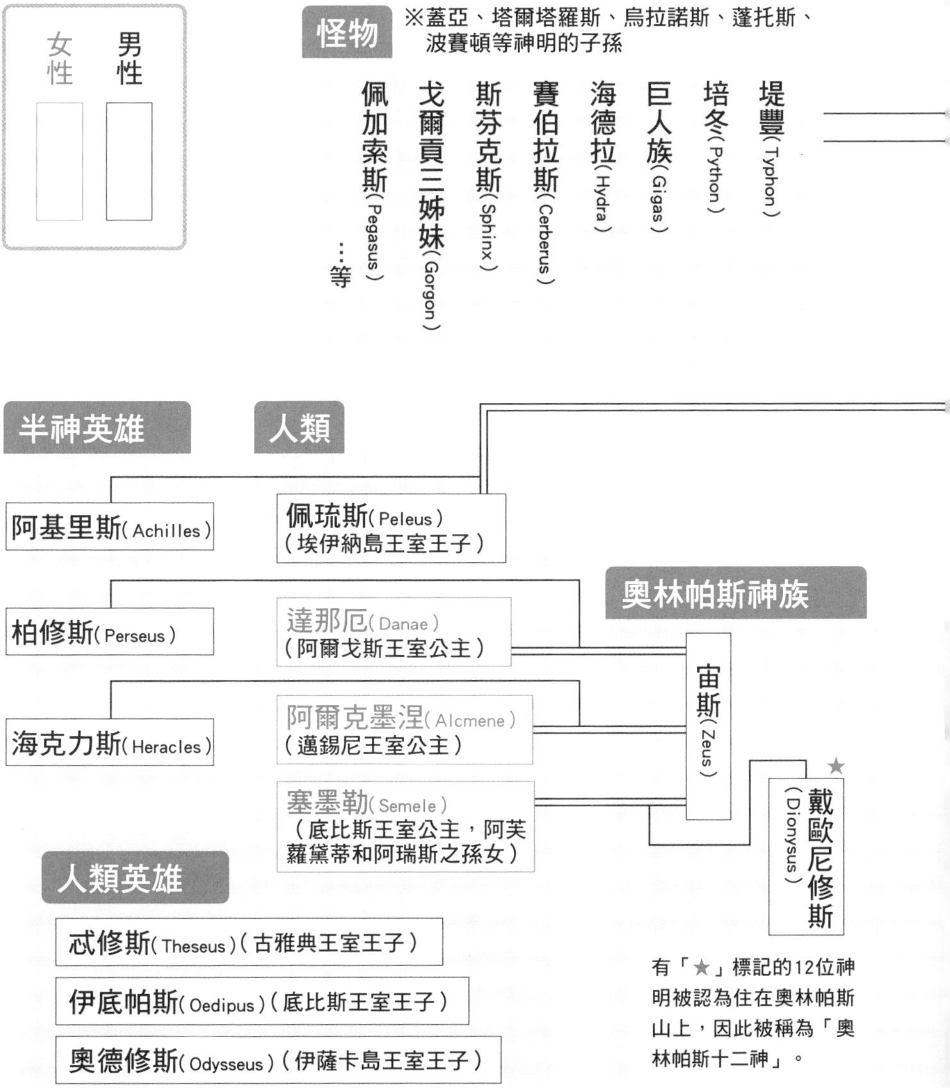

有「★」標記的12位神明被認為住在奧林帕斯山上，因此被稱為「奧林帕斯十二神」。

《趣味希臘神話》目次

第1章　希臘神話是什麼？

第2章 世界的開始與神明的胎動

第3章 奧林帕斯神族的時代

第4章 英雄們的故事

封面、內文設計：Isshiki（digital）
插圖：竹口睦郁
編輯協助：風土文化社股份有限公司

※本文中希臘文的專有名詞，原則上以古希臘發音為基礎，但也尊重已經在日本固定下來的譯名（編註：中文版則以英文發音命名為主）

第1章

希臘神話是什麼？

1 為什麼希臘神話可以流傳至今呢？

神話本身擁有超越時代跟地域的趣味性

世界上最多人閱讀的神話應該是猶太教神話跟希臘神話吧。這兩種神話在品質、數量兩方面都很出眾。

猶太教神話就是猶太教的《聖經》（＊），是基督教《舊約聖經》的來源，由於基督教宗教人口數是世界上最多的，因此相關神話讀者自然也多。

希臘神話則是被賦予歐洲共通文化的經典地位，而歐洲引領了近代文明，加上神話內容富有趣味性，因而吸引許多讀者。**希臘神話擁有超越時代跟地域的普遍性，以及跨越不同文化的親和度。**

不同的文化圈都能接受希臘文化的原因有不少，如神明本來的性格會以不加掩飾的方式保留，以及戲劇跟詩等作品的累積，使其內容逐漸為大眾所接受。忠實重現希臘神話世界觀的現代電影也很受歡迎。

若拿希臘神話來和古代日本相比，由於相差一千多年，因此要在氣候、風土民情、社會與產業構造等找到相同之處有困難，但在神話的題材上還是可以找到很多共通點，如吃下冥界的食物後變得污穢，犯下禁忌而受到處罰、喪失一切等，都是日本神話也會出現的主題。

不管社會環境多麼不同，**只要同為智人，在精神層面就有共通之處。**希臘神話保留許多這樣的元素並傳承下來，因此才能適用於任何時代與地區，且不斷被喜愛著吧。

用語解說

＊ **猶太教的《聖經》** 和基督教的《舊約聖經》有部分文章的順序不同。

以希臘神話為題材的主要電影作品

《傑森王子戰群妖》	美英合作	1963年
《美狄亞》	義、法、西德合作	1969年
《諸神恩仇錄》	美國	1981年
《亞利安》（動畫）	日本	1986年
《大力士》（迪士尼動畫）	美國	1997年
《特洛伊：木馬屠城》	美國	2004年
《波西傑克森：神火之賊》	美國	2010年
《超世紀封神榜》	美國	2010年
《怒戰天神》	美國	2012年
《海克力士》	美國	2014年
《鋼鐵力士》	美國	2014年

2 希臘神話有確定版本或原著嗎？

確定版本並不存在，因此有前後矛盾的情況，神明之間的關係也有很多差異

日本神話的主要出處是《古事記》、《日本書紀》，所以它們又被稱為「記紀神話」。兩書現存的最早抄本可合理被視為定本或原著。

相較之下，希臘神話並沒有涵蓋整體的單一原著。雖然有人舉例西元前8世紀前左右的史詩詩人荷馬《伊利亞德》及《奧德賽》或海希奧德《神譜》及《工作和時日》，但不論是荷馬作品處理的期間或海希奧德作品的內容面向都有限，即使綜觀以上四個作品，也沒辦法涵蓋整體。

現在流傳的所有希臘神話故事，是直到羅馬時代之後才開始整理的。

希臘神話主要由口頭傳承的宗教神話及戲劇劇本創作的故事所組成，戲劇作品主要是悲劇及諷刺劇（＊）。

希臘悲劇創作者以西元前5世紀活躍的艾思奇勒斯、沙弗克力斯、尤里比底斯三人最為有名，普羅米修斯、半神、還有人類英雄的相關神話，大多是出自這三大悲劇作家的作品。

西元前4世紀末進入希臘化時代，卡利馬科斯（Callimachus）、歐赫邁羅斯（Euhemerus）、阿波羅尼奧斯（Apollonius）、阿波羅多洛斯（Apollodorus），與羅馬時代的奧維德（Ovid）、保薩尼亞斯（Pausanias）、希吉努斯（Hyginus）等人也相當活躍，備受矚目。

他們的作品被視為歐洲共同的文化遺產，不分國家都會出版，1855年美國出版的湯馬士．鮑芬奇版希臘神話，在日本很有名。

用語解說

＊ **諷刺劇（Satyr play）**　在悲劇的中場休息期間上演的喜劇，因合唱隊會扮成薩堤爾（Satyrus，擁有山羊特徵的半獸神），也稱為獸人劇。

希臘神話主要的原著

作者	作品
荷馬(Homer) （前8世紀左右）	《伊利亞德》(Iliad) ・特洛伊戰爭第10年的50天過程 《奧德賽》(Odyssey) ・智將奧德修斯充滿苦難的回國路途
海希奧德(Hesiod) （前700年前左右）	《神譜》(Theogony) ・神明系譜的基礎 《工作與時日》(Works and Days) ・有〈潘朵拉之盒〉等故事
艾思奇勒斯(Aeschylus) （前525年～前456年）	《阿格曼儂》(Agamemnon) ・從特洛伊遠征凱旋回來後的故事
沙弗克力斯(Sophocles) （前496左右～前406年）	《伊底帕斯王》(Oedipus Rex) ・弒父及母子相姦的悲劇
尤里比底斯(Euripides) （前485左右～前406年）	《希波呂托斯》(Hippolytus) ・忒修斯晚年的悲劇

聆聽荷馬吟唱希臘神話的古希臘人們。

3 希臘神話是歷史事實嗎？

以800年完成，深深刻劃出海洋文明的軌跡

學者對古希臘史的時代劃分並未取得共識。有學者認為可以區分為：青銅器時代、邁諾斯文明（＊1），其後是邁錫尼文明及發展出的愛琴文明、城邦時代、希臘化時代、羅馬帝國時代；也有學者認為從文化史的觀點來看可以區分為青銅器時代、邁諾斯文明、邁錫尼文明、古風時期（＊2）、古典時代、希臘化時代、羅馬帝國時代。

最初誕生出文明的是克里特島（Crete），所以愛琴文明是由南到北，從島嶼傳播到歐洲大陸。島嶼可能會給人孤立隔絕社會的印象，但古希臘並非如此。

現存希臘神話的誕生時期，是文化史上所謂古風時期到羅馬帝國時代之間，也就是西元約前8世紀到西元元年前後，經歷了非常久的歲月。

這段期間內，希臘發生的大事件就是城市國家城邦（Polis）的興衰。外來移入的希臘人祖先建設了古雅典、斯巴達、底比斯、科林斯等各種城邦。但是並未形成統一的國家，而後受到馬其頓、羅馬帝國的支配。

希臘世界由巴爾幹半島南端及愛琴海島嶼所構成，沒有廣大的平原來農耕畜牧滿足糧食需求，因此透過海洋世界彌補這點。

以雅典為首，臨海城邦紛紛投入海上貿易，人口過剩時，就在外建造殖民城邦，推動人口向外移動。因此希臘神話中有許多橫越海洋的冒險。

用語解說

＊1 **邁諾斯文明（Minoan civilization）** 又稱克里特文明，名稱是來自克里特王邁諾斯（Minos）。

＊2 **古風（Archaic）** 也是「古老的」、「初始的」等詞彙的語源。

希臘史簡略年表

西元前3200～3000年	青銅器時代開始
西元前2000年	邁諾斯文明開始
西元前1650年	邁錫尼文明開始
西元前1200年	邁錫尼文明瓦解
西元前8世紀	城邦誕生
西元前508年	克里斯提尼在古雅典進行民主化改革
西元前499年	愛奧尼亞起義（～西元前 494 年）
西元前480年	薩拉米斯海戰
西元前431年	伯羅奔尼撒戰爭（～前 404 年）
西元前337年	科林斯同盟
西元前334年	亞歷山大東方遠征開始
西元前30年	埃及托勒密王朝滅亡
西元前27年	羅馬帝國行省亞該亞成立

古希臘人構築出豐富的海洋文明，讓古希臘社會趨於成熟。

4 希臘神話的舞台在哪裡呢？

地中海沿岸的每一處，且遍及黑海附近

希臘神話的舞台不僅有當今希臘共和國所在的巴爾幹半島南端及愛琴海島嶼，還包括幾乎整個地中海沿岸。**從黑海以東到東非的衣索比亞為止，都囊括其中，或許可說是古希臘人在貿易及殖民當中歷經的足跡和見聞所及的範圍。**

南至衣索比亞，東至高加索山，西至直布羅陀海峽，北至今日的克羅埃西亞及斯洛維尼亞附近。雖然對古希臘人而言，衣索比亞很可能僅只於人們之間的口耳相傳，但其他地方皆是他們見過、走過的土地。

面向愛琴海的小亞細亞西岸地區被稱為愛奧尼亞，有著以特洛伊為首的許多殖民地城市。愛奧尼亞是希臘哲學的發祥地，也是波希戰爭（＊1）起源的地方。被稱為「歷史之父」的希羅多德，也是誕生於愛奧尼亞附近的港口城鎮哈利卡那索斯（現在的博德魯姆）。

希臘人一直佔據愛奧尼亞地區人口的大多數，直到一戰後的1923年，土耳其與希臘締結條約，導致兩國大規模交換居民後，情況才改變。

古希臘人也曾涉足埃及。半神英雄柏修斯的神話裡就出現了埃及西部沙漠中的阿蒙神殿，因該神殿預言精準的傳聞遠達希臘。西元前332年，馬其頓的亞歷山大大帝擊敗埃及後，也為了聆聽神諭而特地前去神殿一趟。

在那之後，希臘人一直支配埃及，直到托勒密王朝（＊2）滅亡為止。

用語解說

＊1 **波希戰爭**　西元前5世紀前半，波斯帝國（阿契美尼德王朝，Achaemenid Empire）跟古希臘反覆發生的戰爭。

＊2 **托勒密王朝**　延續至西元前30年克麗奧佩脫拉七世（譯註：埃及豔后）死亡為止。

希臘神話的主要舞台

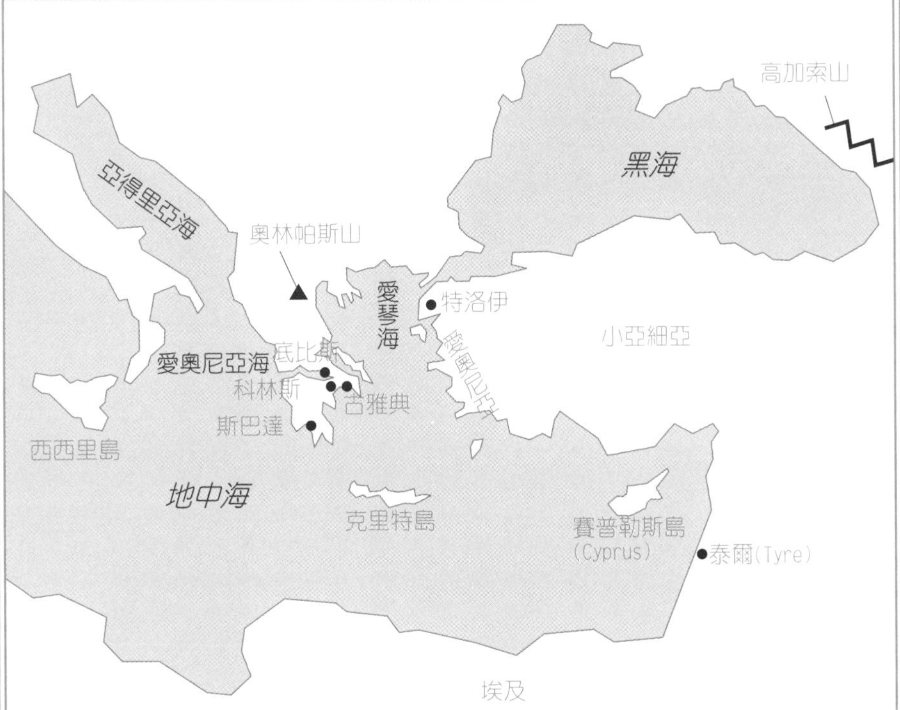

希臘神話中的主要舞台：地中海。
無數的大小島嶼散佈在約 251 萬平方公里的面積當中。

5 神會死嗎？

神是不死之身，但被忘卻就形同死亡

在希臘神話中登場的神都是不死之身。**宙斯**和其兄弟姊妹被**克洛諾斯**吞下肚後，沒有被殺也沒有被消化掉，最後以原本的姿態再度生還。**泰坦神族**敗給**奧林帕斯神族**後，也只是被關進**塔爾塔羅斯**，但沒有被消滅或殺死。**他們不是因為對方手下留情沒有殺，而是神本身就是不可能被殺的不死之身。**

希臘神話中的冥界（冥府）是死者之國，這裡所指的死者只限於人類的死者。神只有在需要**斯堤克斯河**的河水時才會去冥府。

希臘神話中的神是僅有出生但沒有死亡的存在，原則上他們也是被某些神生下來，但根據海希奧德的《神譜》，**卡俄斯**、**蓋亞**、塔爾塔羅斯、**厄洛斯**這些原始神沒有經歷出生的過程，而是從不知何處產生的特別存在。

這種神明登場的方式和日本神話有共通之處，在《日本書紀》中也有被稱為「神世七代」（＊1）的原始神，通常會使用「形成」或「化身」來形容。

此外，兩者還有其他雷同之處，希臘神話中神明的誕生不只發生在男神跟女神間，也有獨自一神生下孩子的情況。

神明只有生而沒有死，如此一來，數量看似會無限增加，但在那之前，信仰就已經持續衰退了。當羅馬帝國將基督教國教化（＊2）**後，民間逐漸被滲透，希臘神明信仰便劃下了句點。**就算希臘神是不死之身，也不敵信仰的消亡與被人遺忘。

用語解說

＊1 **神世七代**　從國之常立神開始到伊邪那歧・伊邪那美為止的7代日本神明。

＊2 **基督教國教化**　西元392年，羅馬帝國頒布全面禁止異教祭祀的命令。

希臘神話的黃昏

〈AD〉

392　羅馬皇帝全面禁止異教祭祀 ※1

393　最後一次古代奧林匹克大會　（也有一說是426年）

396　西哥德王國攻陷雅典

426　東羅馬帝國皇帝下令破壞異教神殿

529　東羅馬帝國皇帝命令關閉雅典的柏拉圖學院。禁止異教教育 ※2

※1 異教：指早於基督教的傳統信仰，包含希臘羅馬神話
※2 柏拉圖學院：西元前4世紀哲學家柏拉圖所建立的學校

雅典衛城的雅典娜古神殿遺址。
希臘神話在種種宗教對立後失去信徒，神殿因此荒廢，現在僅在少數地方留有若干遺跡。

6 希臘神明和基督教的神有什麼不同？

與人類世界的倫理無關，祂們感情豐富且擁有超常的力量

希臘神話的神明跟基督教的神最大的不同點在於神明的數量。希臘神話中有很多神登場，而基督教將自己所崇敬的神視為唯一的神，此外都視為假冒神之名的惡魔或假冒神的人。

基督教的神是唯一神，祂是絕對的存在，因此絕不會犯下錯誤。

相對來說，希臘神話的神自由奔放，**喜怒哀樂豐富，跟「神的正義」這種概念可說無緣。**

希臘神不管人類世界的善惡觀，只要有人呼喊神的名字，在神殿獻上牲禮，祂就會聽取願望，始終與人類保持互惠關係。

更直接地說，在古希臘，只要是人類力量無法解決的事情、現象，或擁有超常力量的事物，都被擬人化並冠上神的名字，在日本的記紀神話也可以看到類似情況。不分東西方，這是人類文化中神明本來的樣貌。

不論是雷電或地震、晝夜等自然現象，海及大地等自然界的事物，智慧及美等人類特質，結婚或狩獵等人類活動，都是神明。

此外，毀滅和死亡等人類不可避免的命運也被神格化。

根據海希奧德的《神譜》，死神是**塔納托斯**。祂的相關故事雖然不多，但精神分析學的創始人西格蒙德・佛洛伊德（＊）賦予「死之本能」塔納托斯之名，是厄洛斯（Eros，生之本能）的相對概念。「塔納托斯」成為固定的精神分析學用語，直到現在還持續使用著。

用語解說

＊ **佛洛伊德（Sigmund Freud）** 奧地利猶太人出身的精神科醫生。生卒年：1856～1939年。

希臘神話及基督教的神的對照表

	希臘神話	基督教
出生	原則上有父母	天地被創造出來前就存在
數量	很多	唯一
飲食	進食	沒有必要
性慾	男性都很旺盛	無
姿態	通常和人類同姿態	無實體
情感	喜怒哀樂劇烈	對神明的規範很嚴格
正義感	沒有	所作所為皆正義， 絕不會犯錯。

希臘神話中好色的神很多。其中宙斯雖然有正妻希拉，但還是對很多女性出手。

7 希臘神話中最強的神是？

沒有武器能勝過雷與閃電。宙斯壓倒眾神

眾神統領者位置是由**烏拉諾斯**傳承給克洛諾斯，克洛諾斯再傳承給宙斯。所以我們可以說宙斯最強的神。

雖說如此，宙斯也是在泰坦神族的戰爭中獲得鍛造名家**獨眼巨人**贈予雷與閃電，才成為最強的神。**波賽頓**也被贈與三叉戟，**黑帝斯**則是戴上就會隱身的頭盔，但它們和雷的威力差太多了。

擁有雷神能力的宙斯，在眾神中被強化為一枝獨秀的存在。

戰神**阿瑞斯**、女神**雅典娜**和勝利女神**尼姬**（＊）也被認為是很強的神。不過，雅典娜自出生以來就全身重武裝，卻不會上戰場前線，而是掌管勝敗。而尼姬雖是帶來勝利的神，卻不擅長戰鬥。

阿瑞斯雖喜歡戰鬥，但可悲的是沒有智慧，所以無法勝過智勇雙全的宙斯。

至於克洛諾斯，因為他的命運是注定要被宙斯取代，所以論祂們之間的強弱沒有什麼意義，關於克洛諾斯和烏拉諾斯也是同理。

那麼如果讓烏拉諾斯跟宙斯直接對決會怎麼樣呢？兩位神明都是天空神。**如果說烏拉諾斯是舊世代，宙斯或許可被稱為新世代的天空神。**

烏拉諾斯只能操控雲跟雨，但宙斯還有雷跟閃電，力量之差一目了然，就算兩神直接對決，想必也是宙斯勝利吧。

用語解說

＊ **尼姬（Nike）** 為其名字的拉丁字母轉寫，翻成英文是victory（勝利）。

神明的武器及能力

	宙斯	波賽頓	黑帝斯
武器	雷跟閃電 	三叉戟 	戴上後就能隱身的頭盔 
能力	可以變身成任何姿態。 也可以將他人變成任意姿態。 無論多遠都可以辨別出女性的容貌。	能自由操控海上天氣及海水。 用戟尖插入大地就能湧出清水。	能劈裂大地，自由往來冥府及地上。

8

宙斯為何會不斷外遇？

由於古希臘的政治因素，宙斯被設定為好色的性格

有關宙斯的外遇癖跟宙斯正妻**希拉**的善妒，在第二章後會舉出一些具體事蹟。若這是真實存在的故事，或許可以用好色來一語帶過，但神話——尤其是希臘神話中的宙斯——狀況不同，因為古希臘的名門多半被視為神或半神英雄的後代。

古希臘人自稱為赫倫人（＊1）。意思是「赫倫（＊2）的子孫」，我們多少可以從發音的相近推測，那個將女神希拉當成民族神瞻仰崇奉的共同體，是原始希臘人的源頭。

而後，信奉宙斯的共同體前來此處，儘管他們占有優勢，卻也不到能征服原住民的程度，他們被認為是滿足於聯姻建立的同盟關係。

就算他們成為了希臘最大勢力，那也是因為兩個共同體之間有合作關係。只要互相為敵，同盟關係就會馬上瓦解，所以即使心情不好也必須避免決裂。宙斯即使對希拉的嫉妒感到困擾，但一次也沒想過要離婚，甚至沒有發火，一般認為就是因為背後有這樣的原因。

另外，許多被稱為宙斯後裔的名門也有可能是被征服的群體，他們偽造家譜以抬高身價。

若要維持家譜中的母系傳說，宙斯就非得到處外遇不可。他們時常運用這樣的手法，使得宙斯變成好色的人。

用語解說

＊1 **赫倫人（Hellenes）** 現在的希臘共和國英語正式名稱為Hellenic Republic。

＊2 **赫倫（Hellen）** 潘朵拉（Pandora）之孫。也是普羅米修斯的孫子（參照第20篇）

宙斯的正妻及主要的外遇對象

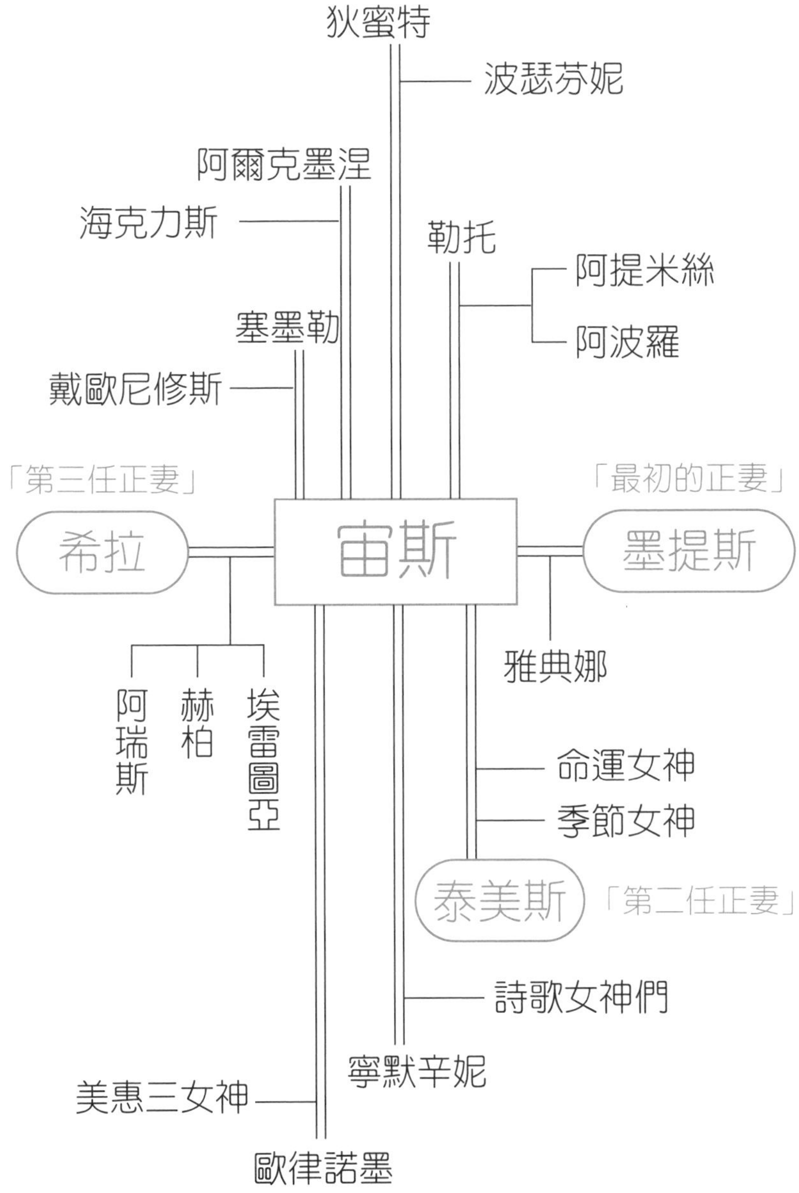

9 希臘神話還有神和人之外的其他種族嗎？

有比神更強的怪物，也有半神、巨神、巨人、寧芙等

希臘神話中登場的不是只有神跟人，**半神、巨神、巨人、寧芙或怪物等也是不可或缺的存在。**

半神是神跟人的混血子女，代表者有英雄**柏修斯**、**海克力斯**、還有世界第一美女**海倫**，她的美貌引發了特洛伊戰爭。

本書雖然加上了巨神、巨人、怪物三種分類，但僅是為求方便理解和稱呼而區分。他們本質上都屬於神。

舉例而言，巨神跟巨人都是以人的姿態雙腳步行的巨大存在，將兩者區分是為了表現地位的不同。

舉例而言，與泰坦神族屬於同一個世代的獨眼巨人或**百臂巨人**，不僅能和神明互相較勁，甚至實力更強；相對而言，獨眼巨人**波利菲莫斯**則被**奧德修斯**欺負。無論把前者稱為「巨人」，或把後者稱為「巨神」，感覺都有點奇怪。

除了考量實力，將外型相同的祂們區分成巨神與巨人，也考量到另一點是泰坦神族跟奧林帕斯神之間的戰爭發生於人類被創造出來之前。

寧芙是寄宿於自然界的精靈，雖然不算神，但也有一定程度的靈力，主要是以神明侍從的身分登場。

此外的半人半獸(＊)、或外貌像人又不像人的生物，無論體型大小都分類為怪物。

有些巨人跟怪物是神生下的孩子，例如遇上奧德修斯的波利菲莫斯或**戈爾貢三姊妹**，**如果雙親都不是神的話，便沒辦法無條件獲得不死身。要成為不死身，需經宙斯或希拉的同意。**

用語解說

＊ **半人半獸**　外表為一半人類一半動物。代表性的例子有半人馬或斯芬克斯等。

希臘神話中登場的非神明人物

◎半神

神與人的混血，
例：柏修斯等等

◎巨神

跟泰坦神族同世代的巨大人型生物，
例：獨眼巨人等等

◎巨人

巨大人型生物，
例：波利菲莫斯等等

◎怪物

半人半獸，或外貌跟人相似又不完全像人的生物。
例：梅杜莎等等

◎寧芙

樹、山、平原、河、泉水等的精靈。有少女般的外貌。祂們受到宙斯或阿波羅等強大神明的喜愛，另一方面也會跟潘恩（Pan）或薩堤爾等具有野性的神一起玩耍。

10 怪物各自有怎樣的性格呢？

怪物基本上是令人害怕的存在，讓神明跟人都很困擾

奧林帕斯神族不僅從未停止與泰坦神族的鬥爭，也曾跟怪物大動干戈。這些對手都令人敬畏，其中讓奧林帕斯神族陷入巨大苦戰的，是好戰的巨大怪物**堤豐**（＊）。

除了堤豐，希臘神話中也有許多其他可怕的怪物登場。像**半人馬**、**海德拉**、**賽伯拉斯**等。

半人馬是人頭馬身的怪物，擅長弓箭。半人馬**凱隆**受過**阿波羅**跟**阿提米絲**教導，個性穩重，但這樣的半人馬只佔一小部分，祂們大多好色且亂來，給人類帶來困擾。

半人馬的上半身還有人類的樣子，而對戰海克力斯的海德拉，外型則與人類毫無共通之處，牠是九頭水蛇，是真正的怪物。九頭當中有一顆是不死身，其他的頭不管砍幾次也都會馬上再生，即使是海克力斯，也經歷了相當的苦戰。

賽伯拉斯是在冥府之主黑帝斯宅邸門前看守的怪物。祂是堤豐之子，因此性格威猛。祂是三頭犬，會吃掉要從宅邸內逃出的人。

若要活著離開宅邸，必須給祂充分的食物，或讓祂聆聽美妙的音樂。

波賽頓與**梅杜莎**之子**佩加索斯**雖然擁有美麗的外表，但也屬於怪物，可以用背上的翅膀翱翔天際。

這些怪物的登場也使讓希臘神話變成有趣的題材。

用語解說

＊ **堤豐**　大地女神蓋亞之子。詳細參見第17篇。

代表性的希臘神話中的怪物

堤豐	下半身如盤起的毒蛇。肩上有100個蛇頭	和宙斯死鬥後被殺死
賽伯拉斯	三頭犬	黑帝斯支配的冥府看門狗
佩加索斯	生有翅膀的馬	梅杜莎跟波賽頓之子
米諾陶洛斯	有牛頭跟人類的身體	被忒修斯殺死
海德拉	九頭水蛇	海克力斯12試煉之一
斯芬克斯	有人頭、獅身和鳥翅	因伊底帕斯解開謎題而自滅
半人馬	腰以上為人類，下半身為馬	賢者凱隆是阿基里斯的師傅
賽蓮	臉為美麗女性，但身體是鳥（也有人魚的說法）	在奧德修斯的冒險中登場

宙斯和堤豐戰鬥

11 希臘神話帶給後世文化什麼影響？

地名、行星名稱、一年12月的名字都源自希臘神話。

古希臘、羅馬文化在歐洲被視為古典文化的根基、共同的知識遺產與精神文化基礎，這是歐洲文化的不成文規定。德國、英國菁英私立學校將古希臘語及拉丁語作為必修科目也正是如此。

從「歐洲」這個名字開始，包含愛琴海及大西洋（Atlantic Ocean）等，**希臘神話中出現的地名，仍有許多保存至今，這也是對古典文化的眷戀吧。**

當今地圖上歐洲以外的地區，如非洲大陸西北端的亞特拉斯山脈及南美洲大陸的亞馬遜河（＊）之名，也都是從希臘神話來的。

1年12月分的名稱也是如此。4月的英語April源自美的女神**阿芙蘿黛蒂**、五月（May）源自宙斯第二任妻子**邁亞**、三月（March）源自被視為同羅馬神話戰神馬爾斯（Mars）的神明阿瑞斯，六月（June）源自與羅馬神話中茱諾有相同地位的希拉。這些都可以看出希臘神話的影響。

如果再放眼宇宙，除了地球，太陽系行星的英語名字也都源自羅馬神話，在希臘神話中也有對應的神。擁有藍色美麗外觀的海王星，英文是Neptune，來自羅馬神話的海神尼普頓，希臘神話中的對應者是波賽頓。

希臘神話之所以對宇宙天體也有這樣的影響力，是因為海上貿易是古希臘人的重要產業。若在看不見陸地的海上航行，能仰賴的就只有天上的星星。古希臘人被迫累積經驗後，自然變得擅長觀測天體了。

用語解說

＊ **亞馬遜**　希臘神話中由女戰士所組成的國家。

希臘神話中的神明及天體

天體	希臘名	神格	英語名
太陽	阿波羅	預言與光明之神	Apollo
地球	蓋亞	大地女神	Earth
月亮	阿提米絲	阿波羅的雙胞胎妹妹，狩獵女神	Diana
水星	荷米斯	商業之神	Mercury
金星	阿芙蘿黛蒂	愛與美與豐穰之女神	Venus
火星	阿瑞斯	掌管戰場上的狂亂及破壞的神	Mars
木星	宙斯	天空之神、雷神	Jupiter
土星	克洛諾斯	大地及農耕之神	Saturn
天王星	烏拉諾斯	天空之神	Uranus
海王星	波塞頓	海神	Neptune
冥王星	黑帝斯	冥府之神	Pluto

12 神都是像美術作品那樣赤裸嗎？

神祇們的裸體形象是在文藝復興時才確立

若在網路上用希臘神話的神明名字來搜尋圖片，會在現代插畫中夾雜許多歷史雕刻跟繪畫。

其中神的姿態大多是全裸或半裸，可能使人誤解，說不定會認為希臘神話的神明平常都是裸體。

羅馬帝國將基督教國教化後，**希臘神話被遺忘一千多年，到了15世紀，文藝復興**（＊）**於義大利佛羅倫斯興起時才一同跟著復活。**

那時藝術作品的委託人也產生了變化，除了教會或修道院，也有王公貴族、有錢的商人與金融業者。

新顧客想要的是肖像畫或有點色情的作品。但那時教會的影響也還很強，所以若要有直接的色情描寫，又不被當成異端架上火刑台，唯一的迴避方式就是以希臘神話為創作題材了。

藝術家也對裸體的造型表現有所執著，他們以古代的雕刻為範本，若要更寫實描繪人類，沒有比裸體更好的手法。

萬能天才李奧那多．達文西為了畫得更真實，還研究醫學、解剖學、光學、幾何學等，其成果也展現在眾多作品上。

雖然古典的古代雕刻並非都是裸體，但比起穿衣服的作品，後世往往給予半裸或全裸的作品更高評價，**除了對外在真實性的追求，一般也認為裸體最適合表現性格跟內在。**

用語解說

＊ **文藝復興（Renaissance）** 原文源自法文的「再生」，因此被譯為文藝復興。

表現神的裸體的文藝復興傑作

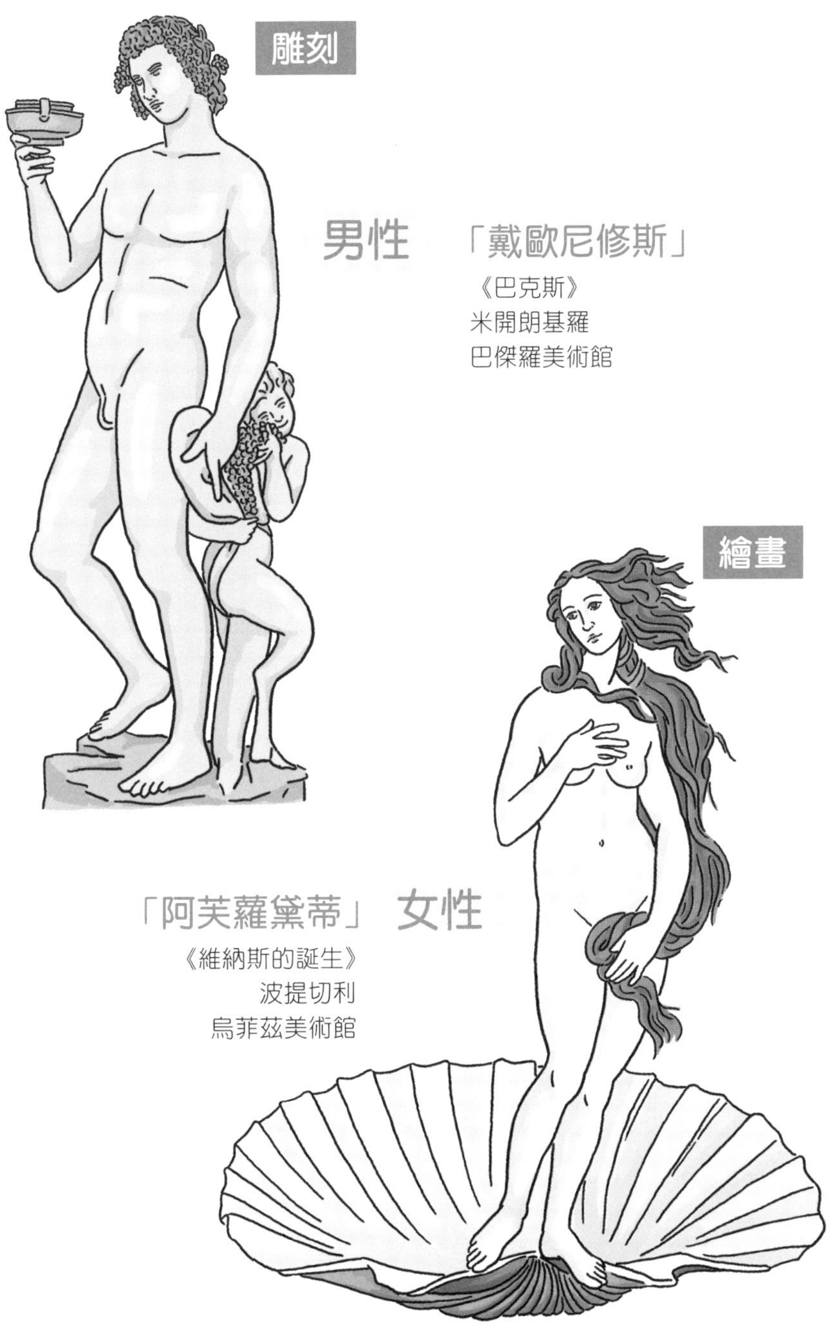

克諾索斯宮殿遺跡

古希臘文明又稱愛琴文明。

這個文明最初是從愛琴海南端的克里特島上誕生，該島是地中海上第五大島。島上中部北岸有克諾索斯宮殿的遺跡，是重要的古代遺跡，也是希臘神話的舞台，所以有很多觀光客前來探訪。

宮殿遺跡是在西元1900年時被英國考古學家亞瑟．埃文斯發現。城市本身最初建於西元前3000年左右，在西元前1900年左右，克里特文明（邁諾斯文明）來到全盛期，神殿也在此時建設。

西元前1700年左右，宮殿因大地震而全毀，重建後的建築也在西元前1300年左右於大火災中崩塌，這也與克里特文明的結束有關。

宮殿本體的挖掘調查顯示，正如英雄忒修斯跟怪物米諾陶洛斯的神話所描述，內部道路彷彿迷宮一般。

神殿以廣闊的中庭為中心，行政或宗教儀式於西側舉行，住所或工作區則在東側。

「玉座之間」或「王之間」（譯註：指Throne Room，王位所在的房間）等接近中庭的房間，在牆上有色彩鮮艷的繪畫，其中也包含如青年跳過牛背等儀式般的場景。

在最接近遺跡的城市伊拉克利翁中有考古學博物館，展示以這些壁畫為首的出土文物。

克諾索斯宮殿遺跡的北側入口

第2章

世界的開始與神明的胎動

13

創造神卡俄斯跟蓋亞

為了生出泰坦神族而母子亂倫的蓋亞

在希臘神話中，卡俄斯被視為最初出現的創造神。卡俄斯跟之後出現的**蓋亞**、**塔爾塔羅斯**、**厄洛斯**共四位神明合稱為原始神。

當今，「卡俄斯」也被作為「渾沌」的意思使用（譯註：兩者英文都是Chaos），但原本的意思是「有開口的空間」。無論是哪個意思，都沒有擬人化的成分，且因卡俄斯同時有兩性特徵，所以不用跟其他神交歡，就能生下黑夜女神**妮克絲**和黑暗之神**厄瑞玻斯**。

相對來說，大地女神蓋亞雖然能獨力生下天空之神**烏拉諾斯**與群山們，大洋神**蓬托斯**，但也和塔爾塔羅斯交歡後生下半人半獸的巨大怪物**堤豐**，另外還和自己的孩子烏拉諾斯交歡並生下大洋神**歐開諾斯**（＊1）及**克洛諾斯**等泰坦神族，還有**獨眼巨人**或**百臂巨人**等。

由於蓋亞可以獨力生子，可以想見她應該跟卡俄斯一樣是兩性皆具，但大地孕育著所有作物，因此，把大地之神設定為女性可說是全世界共通的想法。

大地如果是女性，相對來說天空就是男性，因此發展到後來，蓋亞跟烏拉諾斯便結合後生下孩子了吧。

但烏拉諾斯性格相當扭曲，他並不滿意自己的孩子獨眼巨人和百臂巨人。他嫉妒獨眼巨人的體力、腕力、技術，以及百臂巨人的膽量跟容貌。**烏拉諾斯只要看到祂們就覺得不快，所以流放祂們，並將祂們關入大地盡頭的地獄底處塔爾塔羅斯**（＊2）。

用語解說

＊1 **歐開諾斯**　他的數千名子女全都是河流女神或寧芙。

＊2 **塔爾塔羅斯**　此處不是指擬人化的神，而是指場所。

卡俄斯跟蓋亞所生下的神們

蓋亞

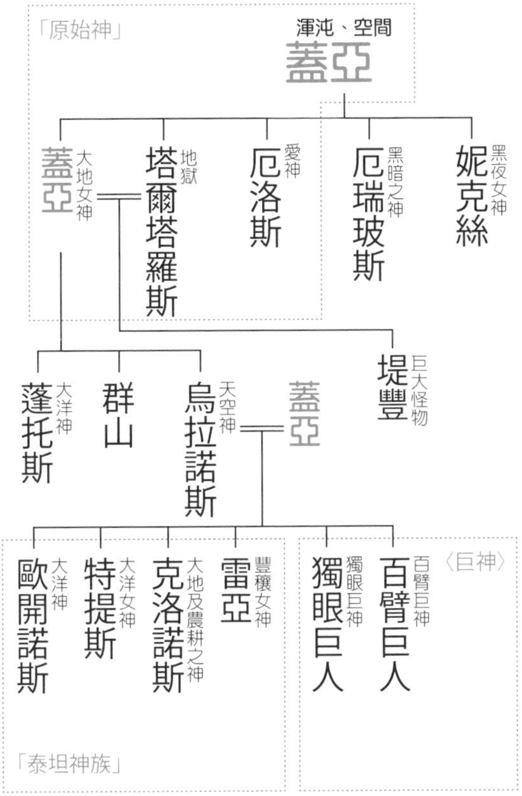

流傳後世的希臘神話

大地力量的表現

英國科學家詹姆斯・洛夫洛克（James Lovelock）提倡蓋亞假說（蓋亞理論），主張地球是具有自我調節能力的生命體。

這說法影響了許多創作者，像圓谷製作有限公司（Tsuburaya Productions）製作的《超人力霸王蓋亞》就是代表例子。

本作中的主角設定為接受大地的紅光而得以變身。

另外手塚治虫的《火鳥》中也可以看出受到蓋亞假說的影響。

14 從男性生殖器出生的阿芙蘿黛蒂

烏拉諾斯的象徵經過漂流，變成愛與美的女神

以神明的角度來說，蓋亞與塔爾塔羅斯是個別的存在，但以地域的角度而言，即便是大地盡頭的塔爾塔羅斯也屬於大地的一部分。因此巨神們接二連三被迫往那裡去，使蓋亞感到腹部痛苦難耐。

要除去痛苦的根源，就得從烏拉諾斯手上奪取支配世界的權力。

蓋亞想鼓動自己的孩子泰坦神族奮起，但大家都害怕烏拉諾斯而閉口不言，一味順從。其中，小兒子克洛諾斯勇敢站出來了。

克洛諾斯討厭父親烏拉諾斯，雖然他沒有被趕到大地盡頭，但也是出生後就一直被迫躲在暗處，懷有怨恨的克洛諾斯私底下甚至稱烏拉諾斯為「連叫他父親都覺得討厭的那男人」。

蓋亞將銳利的大鐮刀交給可靠的兒子，計畫很單純，當烏拉諾斯像平常一樣爬到蓋亞身上，趁他滿腦子被情慾所蒙蔽時，兒子便用大鐮刀把烏拉諾斯的生殖器切斷，**失去男性象徵的烏拉諾斯便會變得無力。**

這計畫輕鬆成功後，克洛諾斯把切斷的男根往後一扔。

生殖器掉到波光粼粼的海上，在波浪間沉浮，很快就生出白泡，其中誕生出美麗的少女，並漂流到賽普勒斯島（＊1）西南邊的佩特拉．脫．羅蜜歐（＊2）海岸。

她從泡沫（aphros）中出生，所以被稱為**阿芙蘿黛蒂**。雖然這位女神與厄洛斯、**喜美樂思**（＊3）一同被視為愛與美之神，**但正如泡沫源自男性生殖器所暗示，這份愛情不是純愛，而是有貪慾的性愛。**

用語解說

＊1 **賽普勒斯島**　位於敘利亞西邊的地中海第三大島。

＊2 **譯註**　原文為Petra tou Romiou，意思是「阿芙蘿黛蒂之岩」。

＊3 **喜美樂思（Himeros）**　欲望之神。和美惠三女神一起居住。

克洛諾斯手持蓋亞給予的大鐮刀，襲擊烏拉諾斯。

烏拉諾斯生殖器的漂流之旅

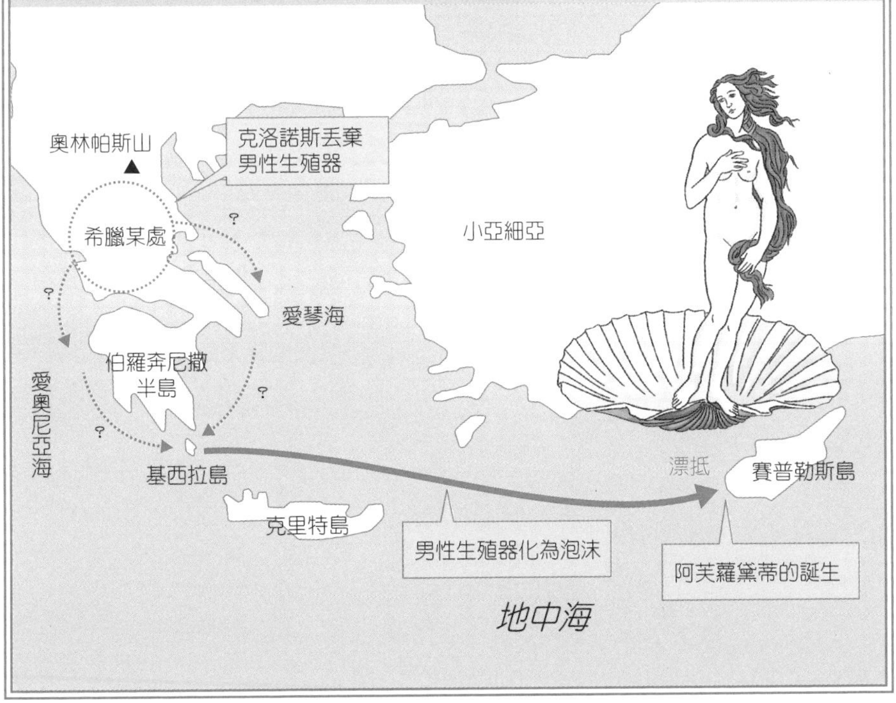

15 克洛諾斯害怕的不祥預言

為了保住統治權，只要小孩一出生就會立刻吞下肚

克洛諾斯切下父親烏拉諾斯的男根，奪取統治權，卻害怕蓋亞及烏拉諾斯所下的預言。

「你會被自己的孩子奪走統治權。」

也有一說，這不是預言，而是烏拉諾斯憎恨克洛諾斯的詛咒。

不論如何，克洛諾斯為了保護自己，只要妻子雷亞生下孩子，就會一個個吞下肚。

長女**赫斯提亞**、次女**狄蜜特**、三女**希拉**、長男**黑帝斯**、次男**波賽頓**等，雷亞看著自己忍著腹痛生下的孩子們被一一吞噬，無法坐視不管。相當怨恨的雷亞在下一次懷孕時就費盡心思，偷偷生下了三男**宙斯**。

但是這件事很難保持隱瞞，於是祂尋求蓋亞協助。蓋亞提出的計畫很單純，是將大石裹在嬰兒包巾中偽裝成嬰兒，結果計畫完全如預期進行，成功騙過了克洛諾斯，祂終於安心下來。

等宙斯長大後，蓋亞傳授計策給祂。有一說是蓋亞及沉思女神墨提斯（＊1）合作想出計畫，**宙斯依計畫讓克洛諾斯喝下催吐劑，而克洛諾斯馬上就開始想吐，最初祂吐出的是代替宙斯的石頭（＊2）。而接下來以相反的順序將吃下的孩子一一吐出。**

但若要實現預言，克洛諾斯及祂同世代的神明（泰坦神族）必須屈服於宙斯的統治。從此開始，泰坦神族跟宙斯的世代之間展開長久激烈的戰爭。

用語解說

＊1 **墨提斯**　大洋神歐開諾斯的女兒，宙斯最初的妻子。

＊2 **替身石（Omphalos）**　又稱為世界的肚臍，現存於德爾菲（Delphi）的阿波羅聖地。

由於蓋亞的計策，克洛諾斯吞下了代替三男宙斯的石頭。

流傳後世的希臘神話

「巨大的」泰坦

泰坦英文為Titan。1912年4月，豪華客船鐵達尼號（Titanic）在處女航中撞上北大西洋巨大冰山而沉沒，其名字就是由此而來。鐵達尼號是總噸數超過4萬噸的巨船，因此以「就如泰坦一般」的意義取名。另外「Titanic」也可用來形容「巨大」、「怪力的」。

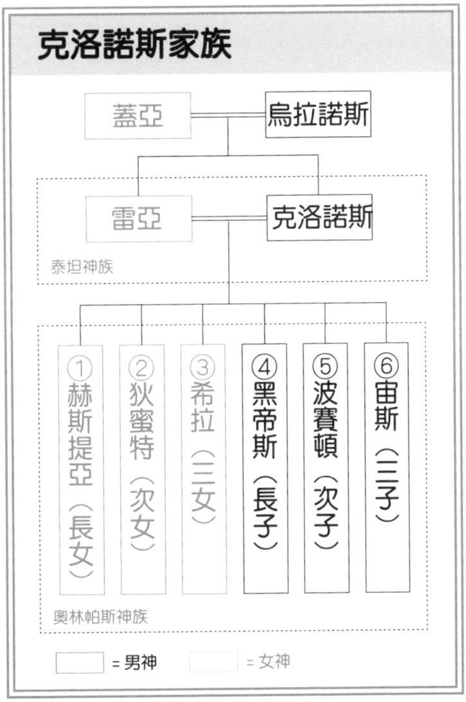

16 泰坦神族VS奧林帕斯神族

被關在陰濕黑暗中的巨神們是掌握勝敗的關鍵

泰坦神族和宙斯等**奧林帕斯神族**的實力不分軒輊，過了10年也沒分出勝負，由於繼續如此也沒辦法有結果，所以宙斯接受蓋亞的建言。

「讓這些人站在你這邊的話，就能獲得勝利和榮譽。」

蓋亞所說的「這些人」就是被克洛諾斯關起來的獨眼巨人與百臂巨人。獨眼巨人指的是**布倫提斯**、**斯特羅佩斯**、**阿爾格斯**（＊1）三位鍛造名家；百臂巨人則是**科托斯**（**Cottus**）、**布里阿瑞俄斯**（**Briareus**）、**古革斯**（**Gyges**），他們各自有100隻手臂和50個頭。

宙斯等人前往塔爾塔羅斯，給巨神們神酒和仙饌（＊2），讓他們恢復活力。之後嘗試說服他們。得到了正面回應後，宙斯等人立刻將他們從溼陰的黑暗中解放出來。作為謝禮，獨眼巨人贈與宙斯雷跟閃電的製造能力；黑帝斯則獲贈戴上後就會全身透明、可以隱身的頭盔；波賽頓則收到了三叉戟。

獲得援軍和新武器的奧林帕斯神族陣營想一口氣分出勝負，但是泰坦神族陣營仍毫不遜色，戰鬥變得更加激烈，讓天地為之震撼。

在一進一退的攻防持續中，讓勝負的天秤傾斜的，是宙斯的雷電攻擊，而百臂巨人丟的石頭成為決定性的關鍵。

面對合計300隻的手所投出的、源源不絕的石頭，即使是泰坦神族也得耗盡力氣應付，導致全部被抓住，這次輪到他們被關進塔爾塔羅斯了。

用語解說

＊1 **譯註** Brontes、Steropes、Arges在希臘文中分別指雷鳴、閃電、電光。

＊2 **神酒（Nectar）和仙饌（Ambrosia）** 兩者都是神專屬的飲食，有使人不死的效果。

獨眼巨人送給宙斯三兄弟的禮物

獨眼巨人收到神酒和仙饌後，贈送宙斯三兄弟武器與裝備作為回禮。

流傳後世的希臘神話

人類也會享受神酒

神酒是如蜂蜜般甜的飲料。現在用來稱呼磨碎水果的果汁製品或蜂蜜酒。仙饌也在美國以傳統水果沙拉的名字保留下來。

奧林帕斯山上負責提供神酒的是宙斯跟希拉的女兒赫柏，希臘語中的「Hebe　erryeke」就是指醉得很厲害。這句話簡化後的「Hebereke」在日本也經常使用。

17 巨大怪物堤豐和巨人族

奧林帕斯神族全力迎戰阻擋在前的強敵

戰勝泰坦神族，戰爭理應結束，但還有別人阻擋在宙斯等奧林帕斯神族面前。那就是蓋亞跟塔爾塔羅斯所生下的么子堤豐。

堤豐比山還要高，腦袋碰得到星星。兩手伸展開的話，可以碰到東方和西方的盡頭，他就是這麼巨大的怪物。

他的腰部以下彷彿盤繞的大蛇，每次一動就會發出咻咻的聲音。長髮和鬍子隨風飄揚，肩上有百隻大蛇，抬頭張嘴發出各種巨大聲響，總之就是怪形怪狀。

雖然堤豐是驚人的強敵，但**宙斯燒毀一百隻蛇、干擾他們再生後便占了上風，最後，有說法是堤豐被關入塔爾塔羅斯，也有說法是被流放到西西里島，把山丟到他身上壓著封印**（＊）**。**

宙斯還有後續戰鬥。當烏拉諾斯的男根被切斷時，滴下的血所形成的怪物們通稱**巨人族**，是宙斯的下一個敵人。

巨人族也比山高，擁有驚人怪力。不是好對付的對手，所以**雅典娜**、**阿波羅**等宙斯的後代子嗣也參與這場戰鬥。

巨人族不斷丟出巨木跟巨岩，再加上火攻，使奧林帕斯神族陷入苦戰。但是祂們相信了「不借人類的力量就無法獲得勝利」的預言後，招聘了**海克力斯**打破均衡，這場戰爭以奧林帕斯神族獲勝告終。

用語解說

＊ **封印**　西西里島東部的活火山埃特納火山（Etna）被視為封印地。

迎戰可怕巨大怪物堤豐的宙斯。

流傳後世的希臘神話

壓倒性力量的象徵

堤豐是英語中熱帶性低氣壓「颱風」（typhoon）的語源。

冷戰時，蘇聯海軍也將世界最大的原子潛艦命名為颱風級。

另一方面，巨人族成為英語中指稱「巨人」或「巨大事物」的詞彙「giant」的語源。「giant」也被用於棒球隊或格鬥家的稱號上。

堤豐被封印的山

埃特納山是地中海周邊最高的山，也是歐洲最大的活火山。

18 支撐天空的巨神阿特拉斯

永世擔負辛苦責任的普羅米修斯之弟

泰坦神族中，如**普羅米修斯**（參見下一篇）這樣與奧林帕斯神族站在同一邊的人能過著比較安泰的日子；而敵對者中，有用的人也得以免責或以其他刑罰替代。代表例就是普羅米修斯的弟弟阿特拉斯。

阿特拉斯是**伊阿珀托斯**（＊1）跟**克里夢妮**（＊2）的兒子。雖然選拔標準不明，**但由於宙斯認為沒有比阿特拉斯更為適合的人選，阿特拉斯便在宙斯的強力推薦下，被迫成為用頭與手腕撐起天空的要角。**

雖然這比去塔爾塔羅斯好一點，仍是相當辛苦的工作。

阿特拉斯只遇過一次逃走的機會。

當半神英雄海克力斯挑戰12項試煉時（參見第43篇），第11項試煉是摘下**赫斯珀里得斯**（Hesperides，黑夜女神妮克絲的女兒）花園裡的蘋果，赫斯珀里得斯這個詞其實是「Hesperis」（日落處的仙女）的複數形態。她們是守護黃金蘋果樹的寧芙。

只有阿特拉斯知道赫斯珀里得斯的所在地。海克力斯從普羅米修斯那裡得知此事，便來找阿特拉斯。阿特拉斯說如果他不現身，寧芙們跟看門狗——100個頭的巨龍都會產生警戒，所以暫時就由海克力斯代為支撐天空。

阿特拉斯拿到蘋果後，本來不想重新接手，**海克力斯說：「稍微幫我頂一下就好。」不幸的是，阿特拉斯信以為真，結果海克力斯一拿走蘋果就逃走，阿特拉斯不得不再度擔負支撐天空的責任。**熟悉弟弟的普羅米修斯正是預測到這件事，所以才教海克力斯這項計策。

用語解說

＊1 **伊阿珀托斯** 蓋亞跟烏拉諾斯的兒子。

＊2 **克里夢妮** 歐開諾斯的女兒。

泰坦神族阿特拉斯受宙斯命令而永世扛住天空。

流傳後世的希臘神話

以地名流傳千古的阿特拉斯

阿特拉斯被類比為連接西方盡頭的山地，因此非洲西北走向的山脈與大西洋的英文都冠上其名。

中世紀後也有一說祂是地球本身，阿特拉斯支撐天空的圖片常用於地圖集。也因此地圖集的英文是「阿特拉斯」（atlas）。

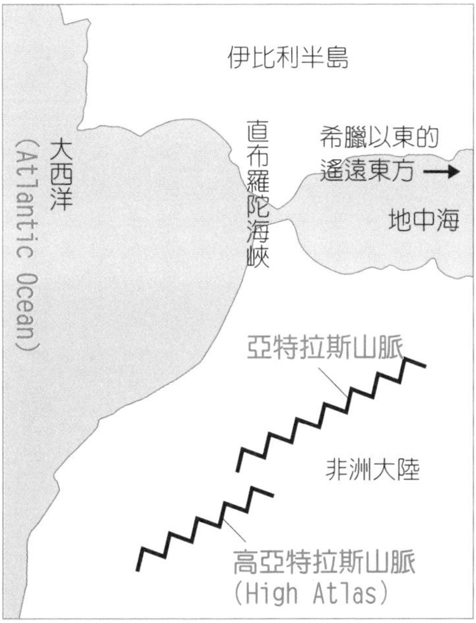

19 人類的救世主普羅米修斯

帶著會被嚴懲的覺悟欺騙宙斯數次，視人類為自己小孩的人類夥伴

在泰坦神族中，歐開諾斯或**特提斯**等神被免除處罰，秩序女神**泰美斯**或記憶女神**寧默辛妮**生下了宙斯的孩子，而更聰明的神是普羅米修斯，在戰爭進行到一半時就投入奧林帕斯陣營。

一般認為普羅米修斯的背叛是受到母親克里夢妮和祖母蓋亞的建議，加上自己分析後判斷的結果，但他的名字具有「持先見之明者」一的意涵，所以說不定也不需要建議。

傳說普羅米修斯用水跟土創造出最初的人類，祂相當愛護人類，會為了分享祭品的獸肉而欺騙宙斯，為了人類而算計。

這點讓宙斯感到不悅，但普羅米修斯完全不感到害怕，而繼續施加恩惠給人類，並盜取神明獨占的火來分給人類。

這次他沒有辦法逃過一劫，普羅米修斯被鎖鏈綁在高加索山（＊1）的岩石上，鎖鏈是火與鍛冶之神**赫菲斯托斯**所鍛造的堅固鎖鏈。

祂不僅被束縛，還活生生被老鷹啄食肝臟，但肝臟會於夜晚再生，隔天又繼續被啄食。這個光聽就覺得十分恐怖及痛苦的嚴酷刑罰會永遠持續。

後來海克力斯射殺了老鷹，普羅米修斯也終於被解放。

普羅米修斯至今都沒有被殺，是因為他知道宙斯將來的重大祕密（＊2）。

用語解說

＊1 **高加索山**　指的是位於黑海東邊，東西向的大高加索山脈。

＊2 **祕密**　宙斯會被和泰美斯之間生下的兒子奪取統治權。

宙斯給普羅米修斯的懲罰是讓他在高加索山下被持續啄食肝臟。

流傳後世的希臘神話

幫助人類的象徵

普羅米修斯被稱為人類救世主，他的名字常被用於命名開創性的計畫。例如歐洲研究整合計畫（EUREKA）曾經有自動駕駛研究計畫，創立於1896年的戴姆勒賓士公司曾參與這項進行九年的計畫，該計畫便命名為普羅米修斯（EURAKA Prometheus Project）。

NASA在2003年時曾進行木星探測機計畫，該探測機以原子爐驅動，也用了同樣的名字（Project Prometheus）。

普羅米修斯的血緣關係

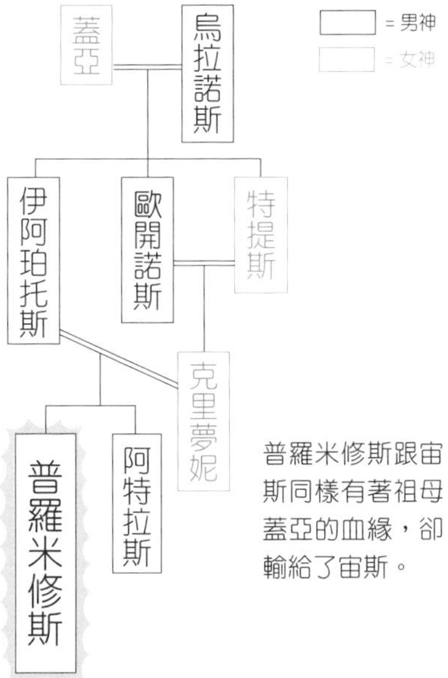

普羅米修斯跟宙斯同樣有著祖母蓋亞的血緣，卻輸給了宙斯。

20

禍福相依的潘朵拉之盒

讓紅顏麗人進入只有男性的社會，是宙斯給予人類的懲罰

生氣的宙斯不只懲罰偷火的普羅米修斯（＊1），**也對人類降下了懲罰。**

首先祂命令鍛冶之神赫菲斯托斯用黏土跟水捏出人偶，注入聲音及力量，以女神為範本塑造外型，讓它穿上赫菲斯托斯做的衣服及裝飾品，並交給雅典娜。

接著讓阿芙蘿黛蒂給它使人湧出情慾的能力，竊盜之神**荷米斯**給它狡猾跟不知羞恥的心，祂們將這名人類女性命名為**潘朵拉**，意思是「集所有贈禮於一身的女人」。

原本至今只有男性的人類社會變得亂七八糟，這就是宙斯的企圖。使者荷米斯把潘朵拉帶到普羅米修斯的弟弟**艾比米修斯**身邊（＊2）。

「絕對不要接受宙斯給的禮物。」

雖然有兄長的提醒，艾比米修斯還是不敵潘朵拉的魅力，接受了她。

潘朵拉帶來一枚盒子（或瓶子），裡面裝了神明給的禮物，雖說絕對不能偷看裡面，但她卻壓抑不住好奇心，而在某天打開了蓋子。

從盒子裡出來的是疾病、貧困、謊言、憎惡等原本與人類無緣的東西。從此以後人類就過著害怕災厄的日子。

潘朵拉急急忙忙把蓋回蓋子，只把一個東西留在了裡面。那就是希望，無論狀況多麼絕望，也被允許留下希望。

用語解說

＊1 **普羅米修斯**　用祕密做為交換條件，跟宙斯和解。

＊2 **艾比米修斯**　和充滿智慧的哥哥相比是個愚人。

潘朵拉忍不住打開禁忌的箱子。

流傳後世的希臘神話

不能觸碰的禁忌

　　潘朵拉的盒子裡最後只剩下希望，這件事有兩種解讀方式，一種將之視為救贖，另一種解釋比較消極，認為僅剩下希望。

　　現在說到「潘朵拉之盒」大多是指不能碰的東西，也就是以被使用於否定的意涵，類似於「taboo」、「禁忌」的意思。

人類的路線

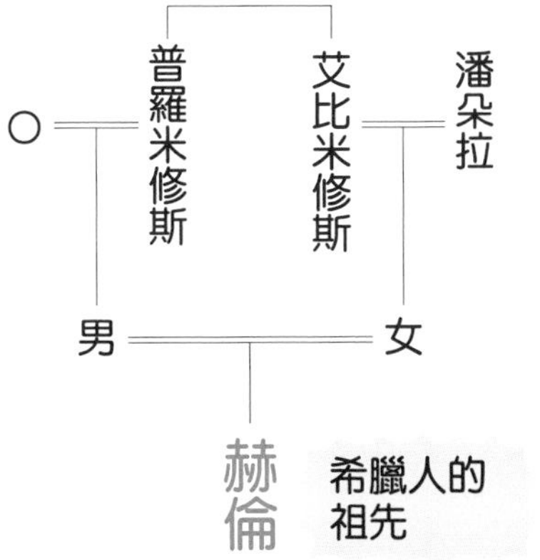

古希臘人認為自己是名為赫倫的男性的後代，將自己稱為「Hellenes」。

21 深處廣闊的冥府塔爾塔羅斯

關著泰坦神族的黑暗潮濕世界

塔爾塔羅斯在神話中有兩種形象，一是會跟女神交歡孕育後代的存在，另一是大地盡頭的地獄底層。

根據海希奧德的《神譜》，塔爾塔羅斯存在於地底深處，就算丟東西下去，要到塔爾塔羅斯的門也要花上十天。因為從天上把東西丟到地上也要花十天，由此就能想像從地面到塔爾塔羅斯的入口處究竟有多遠。

《神譜》還**形容塔爾塔羅斯為「巨大的深淵」，波賽頓用青銅的柵欄圍起它，再於周圍加上三層黑暗**。

此處只能透過波賽頓做的青銅門進出，還有三名百臂巨人負責擔任守衛。

門內側是潮濕幽暗的冥府。經常刮起可怕的暴風雨，也有神住在這裡，首先是黑夜女神妮克絲（*1）和白晝女神**赫墨拉**的住所。接下來可以看見睡神**修普諾斯**和死神**塔納托斯**的住所。

再往更深處去的話，可以看到三頭犬**賽伯拉斯**看守的住所，那就是冥府主神黑帝斯跟其妻**波瑟芬妮**生活的地方。賽伯拉斯雖然會用尾巴跟耳朵磨蹭想進住所的人撒嬌，但會毫不留情吃掉想離開住所的人，是殘忍而沒辦法馴服的猛犬。

歐開諾斯的長女**斯堤克斯**（*2）的住所再過去後，**深處就是關了泰坦神族的塔爾塔羅斯了**。

用語解說

*1 **妮克絲**　卡俄斯之女，生下赫墨拉、修普諾斯、塔納托斯。

*2 **斯堤克斯**　冥府之河的女神，也是河本身。

冥府及其深處的塔爾塔羅斯

冥府是死者可以接觸神的世界，由黑帝斯統治。下方是神把敵人關起來的監牢塔爾塔羅斯，違逆宙斯的泰坦神族就被關在這裡。

流傳後世的希臘神話

暴露對亞洲畏懼的名詞

西元13世紀，蒙古軍（遊牧民族的聯軍）攻打歐洲，其中一部分叫韃靼的民族，發音接近塔爾塔羅斯，所以歐洲人用「韃靼」來代稱整個蒙古軍，並成為恐怖的代名詞而流傳下來。

隨著時間流轉，韃靼指稱的對象也擴大到亞洲民族整體，19世紀末後，歐美社會盛行「黃禍論」，將亞洲民族視為威脅，糾纏於這種情緒核心之處的，或許就是可怕的塔爾塔羅斯印象。

22

宙斯三兄弟的工作分配由抽籤決定

冥府是黑帝斯、大洋是波賽頓、天空是宙斯，地上則是共有的

宙斯於泰坦神族戰爭中最為活躍，因此大家對他成為奧林帕斯的領導者都沒有異議。剩下的問題是誰要統治哪裡，也就是瓜分地盤。

為了公平，他們用抽籤方式來決定，但彷佛反映了古希臘男尊女卑的價值觀，參與抽籤的只有黑帝斯、波賽頓、宙斯。**結果是黑帝斯統治冥府、波賽頓統治大洋、宙斯統治天空。地上的統治權沒有被提及，但從各神話傳說來看，應該是共有地。**

前述的三兄弟中，故事最多的是宙斯，接下來是黑帝斯。波賽頓雖然有高知名度，卻反而沒有以祂為主角的故事，是相當稀奇的神。

統整各種出場時的情節，顯示出波賽頓是管理海跟泉水，同時也是地震的神。奧林帕斯山跟海底都有他的宮殿，外出時祂會搭乘海獸拉著的戰車，傳說中只要戰車一跑，平靜的大海就會掀起大浪，若是洶湧的海則會平靜下來。海浪大小、海上氣候與海上現象的變化全都取決於波賽頓之意。

從引起海上風暴、地上地震的能力，可以想見波賽頓是相當亂來的神，此性格也反映在女性關係上，雖有正妻**安菲特里忒**（＊1），私下也與眾多情婦偷情，但波賽頓仍不知足，還強暴了**狄蜜特**與**戈爾貢三姊妹**（＊2）中的**梅杜莎**等人，是惡質行為的慣犯。

用語解說

＊1 **安菲特里忒（Amphitrite）** 海神涅羅斯（Nereus）的女兒，蓋亞跟蓬托斯的孫女。

＊2 **戈爾貢三姊妹** 頭髮是無數的蛇，可把看到的人變成石頭。

波賽頓如果亂來的話，海上跟地上就會掀起異變。

波賽頓生的孩子們

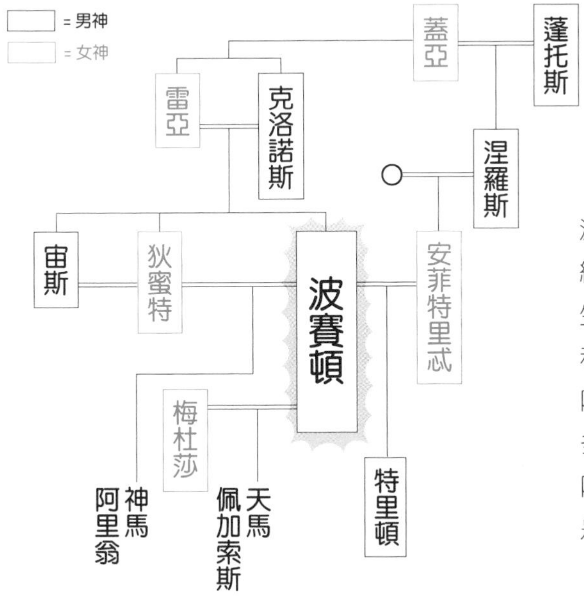

波賽頓娶了有大洋神血統的安菲特里忒為妃，生下特里頓，但還是會和其他女神交歡，生下阿里翁、佩加索斯等眾多孩子。特里頓是人魚，阿里翁和佩加索斯則都是馬的外表。

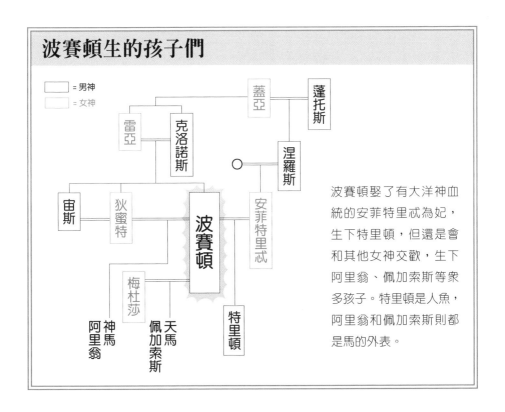

希臘神話的聖地巡禮
其二

雅典衛城

古希臘城市一定會有作為宗教中心的衛城跟作為政治中心的阿哥拉（agora，廣場）。

衛城（Acropolis）是「高處的城市」的意思，正如其名，衛城被蓋在有點高度的山丘上。其中相當有名的是古雅典的衛城，現在也是希臘首都雅典的象徵，擁有無法取代的地位。

該地最初建造神殿是在西元前12世紀時，雖然因波斯軍來襲而在西元前480年被完全破壞，但在民主制度奠定者伯里克里斯的指導下重建，17世紀又因鄂圖曼帝國的戰爭而大半被破壞，現在的建築則是於19世紀後重建。

現在的衛城位於海拔高150公尺的岩丘上，祭祀雅典娜女神的帕德嫩神廟差不多位在中央，西側有入口、衛城山門（前門）和雅典娜、尼姬等神明的神殿，北側則有至聖所與艾瑞克提恩神廟。

現在，當地的出土物品及神殿裝飾的出土物品，都收藏、展示在帕德嫩神廟後方山丘南端的博物館。

由衛城山門俯瞰城市的景色相當別緻，總覺得稍能理解雅典娜及波賽頓爭奪雅典守護神一職的理由了。

樹立於山丘中央的帕德嫩神廟。

第 3 章

奧林帕斯神族的時代

23 被宙斯折騰的正妻希拉

一回頭就勾搭上其他女人，信用破產的至高天神

婚姻之神**希拉**是**克洛諾斯**和**雷亞**的三女，比**宙斯**還早出生，所以兩者間的關係是同父同母的姊弟。雖然完全是近親通婚，但神話的世界中經常有這種事。阻礙他們結婚的並不是血緣關係，而是宙斯難以忽視的花心。

宙斯那時已經有兩次的婚姻經驗，最初的妻子是沉思女神**墨提斯**（＊1），第二任妻子是秩序女神**泰美斯**（＊2）。**明明有正妻，但宙斯還是不斷和其他女神或寧芙、人類女性外遇。**

宙斯的性格是眾所皆知的事實，所以重視貞潔的希拉沒有接受求婚。

但是宙斯沒有因此打退堂鼓，他變身成杜鵑的模樣嘗試接近希拉。

希拉憐憫在寒冬天空下發抖的他，讓他進入室內，接著宙斯變回原樣。有的說法是他試圖侵犯希拉，也有說法是他以杜鵑的樣子執著地表達愛意。最後宙斯承諾要讓希拉成為正妻，兩神終於結為連理。

但可以預想到的是，宙斯的外遇癖並沒有收斂，生氣的希拉自己生下了鍛冶之神**赫菲斯托斯**，也有另一說法是赫菲斯托斯是兩人之間的孩子，但**生下來後因為腳部缺陷而無法行走，醜陋的樣貌被希拉討厭，並被丟到了下界。最後一部分的說法倒是一致的。**

雖然理由十分自私，但希拉似乎有著身為第一美女的自信，所以無法接受與美無緣的赫菲斯托斯吧。

用語解說

＊1 **墨提斯**　她懷孕後，宙斯害怕預言成真而將她吞下肚。

＊2 **泰美斯**　生下季節女神（荷萊，Horae）與命運女神（摩伊賴，Moirai）各三名。

希拉寵愛著翩然而至的杜鵑，但其實杜鵑是宙斯變身以接近希拉的。

流傳後世的希臘神話

六月新娘(June Bride)的意思

希拉跟羅馬神話的茱諾（Juno）被視為同一個神。「茱諾」是英文轉寫，而英文中的六月（June）便是來自希臘神話的女神希拉。

日文習慣說的「六月新娘」，源自古希臘六月的守護神希拉，此時在歐洲許多地區已經過了農忙期，天氣也很穩定，使得6月成為最適合舉辦婚禮的月分。

宙斯的正妻

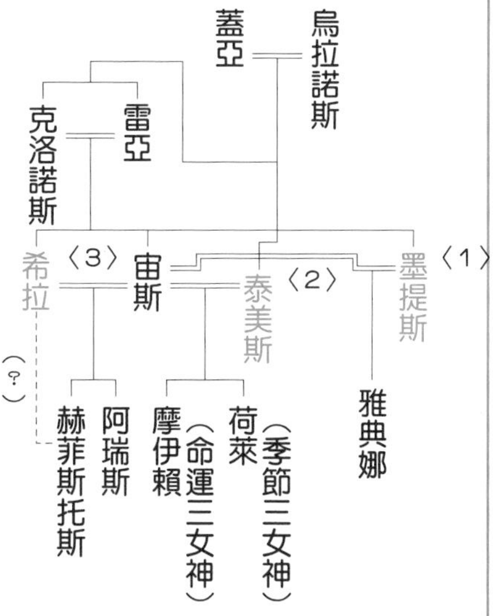

在跟希拉結婚前，宙斯曾與泰坦神族的墨提斯、泰美斯兩神有過婚姻關係。

24 阿波羅及阿提米絲的誕生

希拉無法原諒丈夫的外遇對象。情婦為無止盡的陣痛所苦

希拉並非品德貞淑的女神。很難說得上穩重，又非常善妒。**如果宙斯外遇，她時常不是對宙斯復仇，而是遷怒外遇對象的女性跟小孩，所以對被宙斯愛上的女性們來說只是一場災難。**

泰坦神族的**勒托**也是其中一名犧牲者，被希拉知道她懷了宙斯的孩子後，她被逼入尷尬的境地。希拉派遣軍神**阿瑞斯**跟彩虹女神**伊里絲**（＊1）前往各處，勸告大家不要提供勒托生產的地方。

雖有多少抱有擔憂，愛琴海南部的堤洛島仍願意對勒托伸出援手，但助產女神**埃雷圖亞**（＊2）被希拉擋下，使得勒托難產，在9天9夜中被無盡的痛苦折磨。

那時勒托的身邊有雷亞跟泰美斯等不少女神陪伴，她們為了勒托想出一計。**或許哀求沒用，但收買是可行的。她們答應給希拉的侍女伊里絲豪華的首飾，然後趁希拉不注意時，將埃雷圖亞偷渡到島上。**

伊里絲轉達女神們的請託後，埃雷圖亞不禁對勒托感到同情，二話不說就答應了。並馬上跟伊里絲一起前往提洛島。

拜此所賜，勒托終於生下了預言之神**阿波羅**及狩獵女神**阿提米絲**，爾後提洛島則成為阿波羅神的聖地，名氣足以跟德爾菲匹敵，就是因為這則生產軼事。

用語解說

＊1 **伊里絲（Iris）** 因為彩虹會聯想到橋，所以也是傳令的女神。

＊2 **埃雷圖亞** 也有一說她是宙斯跟希拉之間的女兒。

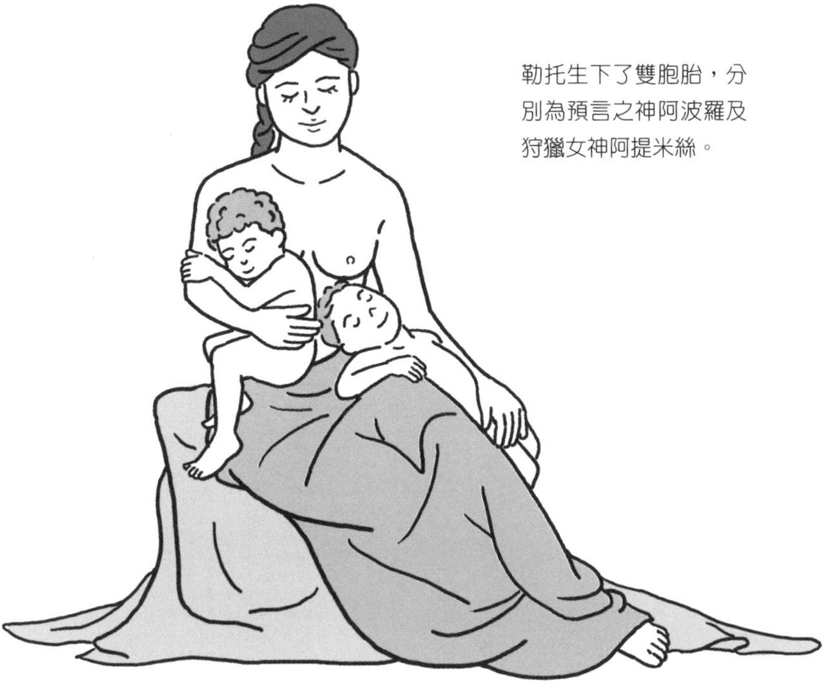

勒托生下了雙胞胎，分別為預言之神阿波羅及狩獵女神阿提米絲。

流傳後世的希臘神話

彩虹的裝飾性和通訊功能

彩虹是伊里絲將神的想法傳達給人類時的專用道路。

銥在1847年被發現，其命名由來正是伊里絲，因為礦物帶有彩虹般的各種色調，原子序77的銥很常被用於珠寶工藝。

銥衛星（Iridium）是源自美國的衛星電話服務，現在也在日本開展事業。它之所以如此命名，是因為最初預計使用77顆通信衛星，且是通訊服務的關係。

阿提米絲

25

善妒女神希拉所設下的巧妙陷阱

看到雷神宙斯真面目的塞墨勒發生悲劇

宙斯不只對女神或寧芙出手，也會對人類女性出手。底比斯（＊1）公主**塞墨勒**也是其中一人，她剛懷孕後不久就被希拉知道了。

就算對宙斯耳提面命也只會被當耳邊風，希拉這次又只把憤怒的矛頭指向女性一方，設下了可怕的陷阱。

希拉變身成塞墨勒的奶媽，並嘗試和她接觸，塞墨勒完全沒有懷疑，把懷孕的事詳細告訴了她。希拉假裝很高興，並提出一個疑問。

「這個男人可能是自稱神的假貨哦。」

一見到塞墨勒上勾，希拉便趁機提出確認的方法。

當宙斯再次到來時，塞墨勒便照希拉指示的方法，向宙斯說：

如果你真的愛我，不管什麼願望都能為我實現吧，請你對著**斯堤克斯**河的河水發誓（＊2）。

宙斯發誓後，塞墨勒就把希拉教她的話說出口。

「請讓我看看你跟希拉大人見面時的模樣。」

宙斯感到十分困擾，或許也同時注意到這是希拉的計謀吧，但對斯堤克斯河發誓後一定得遵守，所以他只好回到天上，一邊發出雷與閃電，一邊現身在塞墨勒的面前。

壓倒性的光芒與灼熱不是活生生的人可以承受的，塞墨勒馬上就被燒死了。只有腹中的胎兒被救出，並被縫進宙斯的大腿中。也就是後來的酒神**戴歐尼修斯**（參照第38篇）。

用語解說

＊1 **底比斯**　位於雅典東北的古代城市，英文為Thebes。

＊2 **斯堤克斯的誓言**　對那條河的河水發的誓言是神聖不可侵犯的。

塞墨勒被雷神宙斯的火焰所焚燒，痛苦死去

流傳後世的希臘神話

太陽系最大的「宙斯」

宙斯跟羅馬神話中的朱比特被視為相同的神，而朱比特的英文「Jupiter」就是木星的英文名，它是太陽系中最大的行星。

木星的其中幾個衛星被冠上跟宙斯有肉體關係的女性名字，例如卡利斯托（Callisto）、埃歐（Io）、歐羅巴（Europa）、墨提斯（Metis）、勒達（Leda）、萊西薩（Lysithea）等。

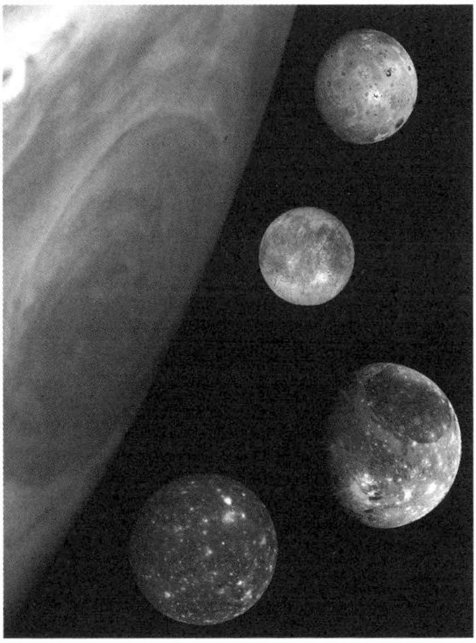

木星及其衛星，由上開始是埃歐、歐羅巴、蓋尼米德、卡利斯托（照片：NASA）

26 阿提米絲會懲罰玷污她貞潔的人

看到她裸體的人活生生成為獵犬的餌。打破誓言的侍女被處以流放之刑

阿提米絲是宙斯跟勒托的女兒，和阿波羅是雙胞胎姊弟，也有一說是兄妹。

狩獵女神阿提米絲比誰都重視貞潔，自己跟寧芙們都守著處女身。只要有人玷汙她的貞潔，就算不是故意的，她也不給辯解的機會，直接嚴罰。

犧牲者之一是塞墨勒的外甥，名為**阿克泰翁**（Actaeon）的獵人。阿提米絲在水邊全裸沐浴時，他卻冒了出來，情況糟透了。

「你可以把看到我的裸體的事散布出去，如果你做得到的話。」

阿提米絲這麼說完，**阿克泰翁就變成了鹿的樣子，並被自己帶來的50隻獵犬咬死了。**

追隨她的寧芙們中也出過犧牲者，那就是**卡利斯托**。宙斯看上她後，變身成阿提米絲的樣子侵犯她，使她懷孕。

如果穿著衣服還好，但全裸無法掩蓋住膨脹起來的肚子，**某天在沐浴處，卡利斯托懷孕的事情赤裸裸地暴露在阿提米絲面前了。**

「去遙遠的地方吧，真污穢。」

因此被流放（＊1）的卡利斯托還遇上更多災難。她生下一個男孩後，受到希拉的制裁而變成了熊的模樣。

後來又被長大後的親生兒子**阿克斯**（＊2）給親手殺害，完全是禍不單行。

用語解說

＊1 **流放** 因宙斯的計策使母子免於被殺。

＊2 **阿克斯（Arcas）** 宙斯將卡利斯托變成大熊座，而阿克斯是小熊座。

阿提米絲相關人物關係圖

阿提米絲

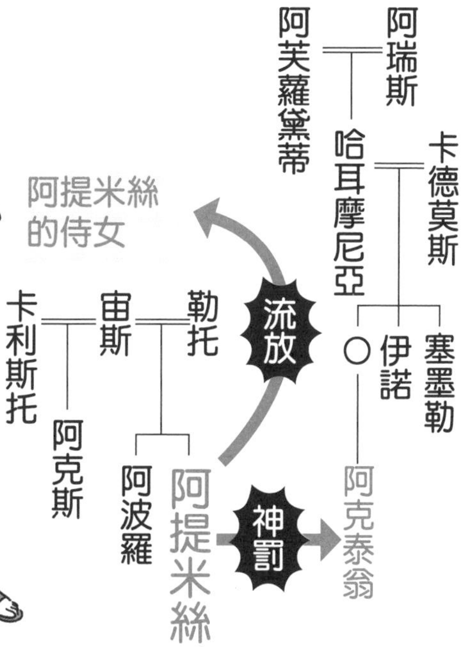

流傳後世的希臘神話

講到月亮就會想起的名字

光明之神阿波羅被稱為太陽神，而阿提米絲則是月之女神。

因此歐美會聯結月亮跟阿提米絲，美國NASA進行的人類登月（預計2024年）及基地建設計畫也冠以阿提米絲之名。

阿提米絲計畫預計使用的太空船（照片：NASA）

27

宙斯將愛人變成母牛

朝埃歐襲來的災難演變成橫跨三大洲的逃亡劇

希拉時常警戒宙斯是否再度外遇，所以很快便聽說宙斯和在侍奉她的神殿女祭司**埃歐**在享樂。

希拉突然現身，因此宙斯匆忙將埃歐變成母牛，想要蒙混過去。但希拉也不好騙，她強硬要來母牛後，便讓百眼怪物**阿耳戈斯**監視她。阿耳戈斯的百隻眼睛可以晝夜輪班，因此非常適合監視。

宙斯知道直接動手會讓希拉更生氣，只好拜託他和**邁亞**（＊1）的兒子**荷米斯**救出埃歐。

荷米斯擁有可以讓人睡著的錫杖，也是擅長吹笙的好手，他結合錫杖跟笙的音色，讓百眼全部睡著閉合，接著斬下怪物的頭，讓埃歐擺脫監視。

即使如此，希拉也沒有罷手，接下來就派遣虻毫不間斷地螫她。

埃歐因痛而陷入半狂亂的狀態，開始不知終點的逃亡，往西進入愛奧尼亞海，從那裡沿著海北上，經過伊利里亞地區後到巴爾幹山脈，又往東去，渡過歐洲及亞洲間相隔的海峽，而更加往東前進。

她接受了同情她的**普羅米修斯**的建議，**往埃及去，荷米斯奉宙斯命令在那裡現身，幫忙驅逐虻並解除了埃歐的變身。**

用語解說

＊1 **邁亞**　阿特拉斯及普蕾恩妮（Pleione）的女兒。

＊2 **伊利里亞地區**　巴爾幹半島西北部的亞得里亞海沿岸地區。

希拉要來被宙斯變成母牛的埃歐，並帶去給阿耳戈斯。

埃歐的逃亡路線

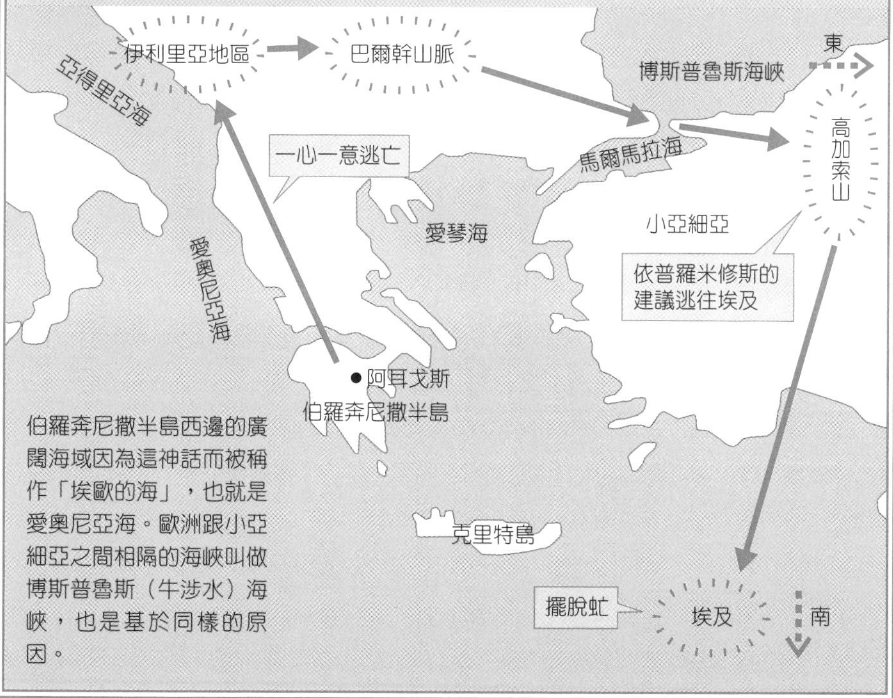

伯羅奔尼撒半島西邊的廣闊海域因為這神話而被稱作「埃歐的海」，也就是愛奧尼亞海。歐洲跟小亞細亞之間相隔的海峽叫做博斯普魯斯（牛涉水）海峽，也是基於同樣的原因。

28 宙斯誘拐歐羅巴

早就駕輕就熟！讓美少女放下戒心之後手到擒來

那天宙斯像往常一樣，從奧林帕斯山山頂宮殿的露台上物色地面的事物，於是看到地中海東岸的腓尼基（＊1）有喜歡的美少女。她是泰爾（＊2）的公主**歐羅巴**，**宙斯趁希拉沒注意時跑出宮殿，並變成大隻的公牛接近她。**

一開始很警戒的歐羅巴，看著美麗又可愛的牛，漸漸就放鬆了。

她小心將摘下的花放到牛的鼻尖，公牛彷彿回禮一般親吻了她的手，使她漸漸習慣並與牠親近。

而後可能是完全接受了公牛吧，歐羅巴將花環放在公牛角上並乘上牠的背，牛也漸漸走向海浪拍打的地方。

確認歐羅巴不慌張後，公牛的動作迅速改變，進入海中的瞬間，牠突然用驚人的速度衝入海裡並開始游泳。

事情突然發展，讓歐羅巴說不出話，只能看著自己離岸愈來愈遠，為了不被甩下而單手抓著公牛的角，另一手貼著背，光是支撐身體就已經耗盡全力。

公牛就這樣游過東地中海，在克里特島上岸。然後宙斯終於變回人的模樣，巧妙避過希拉的監視，與歐羅巴過著充滿情慾的生活。

歐羅巴和宙斯生下了**邁諾斯**、**拉達曼迪斯**、**薩爾珀冬**三個男孩，後來長男邁諾斯成為克里特的國王。

用語解說

＊1 **腓尼基**　地區大約等同現在的黎巴嫩。

＊2 **泰爾（Tyre）**　希臘語稱泰羅斯（Tyros），阿拉伯語稱為蘇爾（Sur）。自古因貿易而繁榮。

宙斯載著歐羅巴，入海的瞬間，便開始不斷往海裡前進。

流傳後世的希臘神話

腓尼基跟希臘的交流

世界上最古老的文字是美索不達米亞文明發明的楔形文字，但腓尼基人以此為基礎想出了22個子音字母，腓尼基文字傳到希臘，成為希臘字母。

現在俄國及歐洲使用的文字，都是從腓尼基文字演變來的。

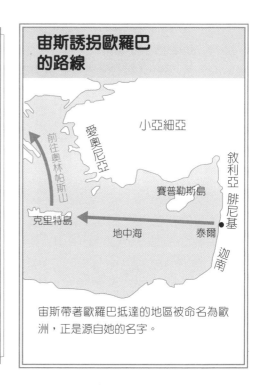

宙斯誘拐歐羅巴的路線

宙斯帶著歐羅巴抵達的地區被命名為歐洲，正是源自她的名字。

29

雅典娜跟波賽頓的守護神之爭

泉水及橄欖，哪一個較受古代希臘的歡迎？

不只克洛諾斯害怕不祥的預言。普羅米修斯知道一則只有他自己知道的預言，也就是宙斯會面臨同樣的命運，他告訴宙斯這件事作為赦免的代價。宙斯因此吞下懷孕的妻子墨提斯。也有一說是因為沉思女神進入了宙斯的身體，讓他頭腦變聰明了。

墨提斯懷的胎兒在宙斯的頭裡長大，額頭裂開生出來時已經是大人，她身披鎧甲，持著槍與盾。她便是智慧與戰爭的女神**雅典娜**。

神明在決定負責的地區時，雅典娜跟**波賽頓**針對阿提卡（Attica，雅典周邊地區）的守護神寶座起了激烈爭執。

包括宙斯在內的奧林帕斯眾神都出面調停，結果決定能贈送當地居民最重要禮物的神將獲得這位置，兩神也接受這個提議，開始決一勝負。

波賽頓首先往地上插入三叉戟，該處湧出了泉水（＊1），接著雅典娜將槍往地面一打，結出了橄欖樹。**神明見證後的討論結果是，橄欖適合乾燥的土壤，用途也很廣，所以選擇了雅典娜。**

此後阿提卡的首都就成為「雅典娜女神的城鎮」，而稱為雅典。

雅典娜跟阿提米絲一樣是處女神，性愛是當然禁止的，也忌諱讓人看到裸體，但是她有一名叫做**厄瑞克透斯**（＊2）的兒子。雅典娜不是自己產子，而是被赫菲斯托斯噴了精液，她用羊毛擦掉丟在地上時，兒子便誕生了。

用語解說

＊1 **泉水**　也有一說是波賽頓之泉湧出的是鹽水。

＊2 **厄瑞克透斯（Erechtheus）**　雅典王家之祖，英雄忒修斯（見第44篇）也是其子孫。

雅典娜相關人物關係圖

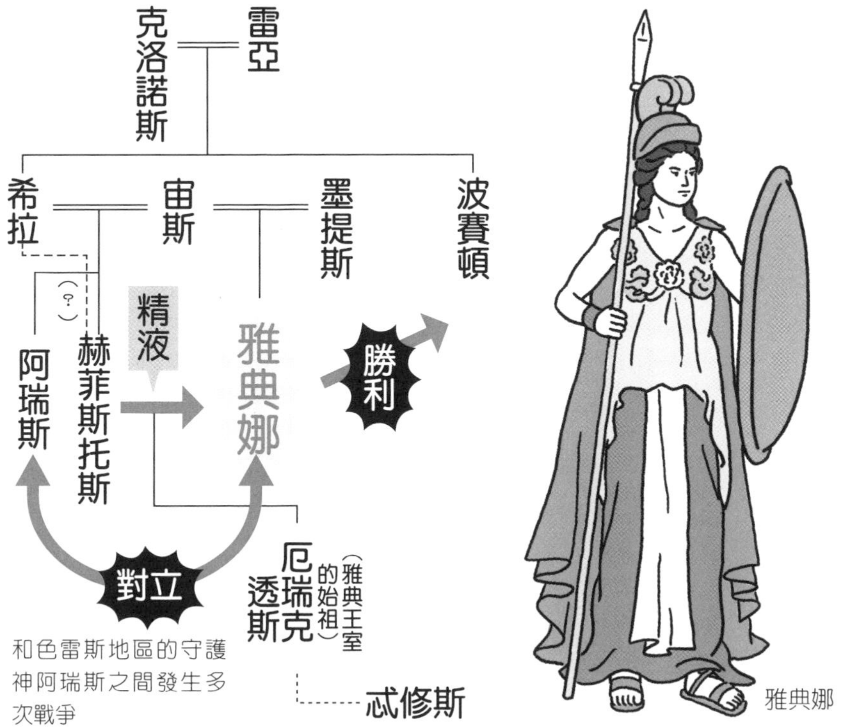

雅典娜

流傳後世的希臘神話

雅典娜的恩惠被衷愛著

橄欖原產於地中海沿岸的某處，橄欖是希臘自古以來與酒並列的主要出口商品。

作為商品的是從果實榨出的油，可作為沙拉醬或調味料。除了食用以外也很適合滋潤乾燥的肌膚，所以自古以來就很常用於肥皂、化妝品、美容用品。

30 易怒又殘忍的阿波羅

並非聖人君子，雖然什麼都擅長，卻無法控制情緒

預言之神阿波羅在古代被稱為理想的青年。**他擅長音樂、詩歌、醫術、也擅長用弓箭，可以說是文武雙全。戀愛也是男女通吃。**

但是希臘神話中並沒有後來基督教提倡的「神的正義」觀念，阿波羅也不是什麼聖人君子。他相當易怒，只要惹到他就會被給予相當殘酷的報復。

舉例來說，薩堤爾（＊）**瑪敘阿斯**用雅典娜丟棄的笛子練習吹奏，成為高手。他相當有自信地來向阿波羅挑戰技藝，奧林帕斯的眾神見證該次比賽，敗者要任憑勝者處置。

這場比試是以阿波羅的勝利告終，瑪敘阿斯被吊在樹上，並被活生生剝皮。

牧神**潘恩**也一樣擅長笛子，並自稱技巧比阿波羅厲害，後來也跟阿波羅比賽。

這場比賽是由阿波羅取得壓倒性勝利，見證人中只有一人把票投給了潘恩，那就是人類代表，佛里幾亞國王**邁達斯**。

阿波羅非常生氣，但若只因不服勝負判決就給予懲罰還是太難看了，**所以他以「沒有能分辨優雅曲子的正常人類聽覺」為由，將邁達斯的耳朵變成了驢耳朵。**

後來《伊索寓言》代表作之一的〈國王長著驢耳朵〉，就是國王邁達斯後來的故事。

用語解說

＊ **薩堤爾**　擁有山羊特徵的半獸神。嗜酒且好色。

生氣的阿波羅將國王邁達斯的耳朵變成了驢耳朵。

流傳後世的希臘神話

恐慌（panic）的語源

畜牧之神潘恩性格易怒，需要小心祂剛睡醒的時刻。祂特別喜歡在夏天時睡午覺，如果奪走他的樂趣，潘恩會發出巨大聲響作為報復，讓周圍的人驚慌失措。

潘恩是英文「恐慌」（panic）這個字的語源。

阿波羅的神諭

希臘中部帕那索斯山的南邊有座名為德爾菲的城市，許多城邦的重要人物都會造訪位於此地的阿波羅神殿，尋求神諭作為施政方針。被稱為西比拉（Sibyl）的巫女會進入出神狀態，然後轉達阿波羅的旨意。

31

被變成月桂樹的達芙妮

對於固守貞操的少女，身經百戰的阿波羅也只能投降

預言之神阿波羅同時司掌音樂、醫術、畜牧、光明，其好色程度不輸宙斯，而且阿波羅還是男女通吃的二刀流，所以更加麻煩。

愛神**厄洛斯**（＊1）對不是一般好色的阿波羅施了點惡作劇。

阿波羅是絕世美男子，經常帶著弓箭和豎琴，當他正因擊退惡龍**培冬**而覺得愉快時，遇上了同樣弓箭不離身的厄洛斯。

厄洛斯是卡俄斯所生的原始神，但一直都是幼兒的姿態，阿波羅忍不住就捉弄他，也不知阿波羅是否知情對方的箭筒裡裝的是特殊的箭。

生氣的厄洛斯對著阿波羅發射使人陷入戀愛的箭，而使人厭惡他人的箭則射向河神**佩紐斯**（Peneus）的女兒**達芙妮**（Daphne）。

達芙妮雖是絕世美少女，卻認為戀愛很汙穢，發誓要成為永遠的處女，並得到父親的准許。再加上厄洛斯之箭的影響，阿波羅再怎樣盛情追求，慘遭達芙妮拒絕也是無可厚非的事。

阿波羅不惜使出強硬手段，達芙妮為了逃離，拚命在森林裡奔跑，而快要被抓到的時候，她的父親終於現身，她也喊出最後的願望。

「保護我不被這男人抓到，不要讓我的美麗成為其他人的東西。」

下一秒，她全身化為一棵美麗的樹，正是月桂樹（＊2）**。然而阿波羅對她的傾慕並沒有停止，從此用月桂樹來裝飾自己。**

用語解說

＊1 **厄洛斯** 英文「erotic」、「eroticism」的由來。

＊2 **月桂樹** 樟科的常綠喬木，日語又稱ローリエ（laurier，指月桂葉）。

阿波羅的戀愛事蹟

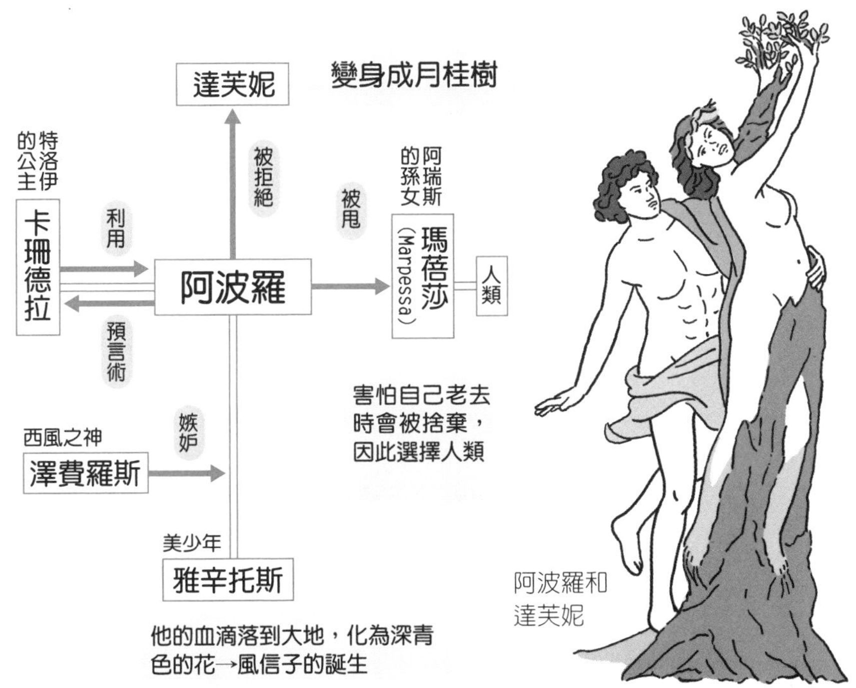

流傳後世的希臘神話

金牌與桂冠

殺害蓋亞之子（培冬）後，阿波羅為了贖罪，主辦了競技大賽。自那之後，比賽常態化，變成古希臘四大競賽的其中之一，成為僅次於奧林匹克的重要祭典。

在該競技大賽上優勝的人會被授予月桂冠，奧林匹克大賽也隨之採用，而近代的奧林匹克也繼承了這個慣例。

32 被黑帝斯拆散的母女

為了搶回女兒波瑟芬妮，狄蜜特的怒火爆發

雖然**黑帝斯**跟宙斯、波賽頓是兄弟，但他和兄弟們不同，幾乎沒有輕浮的故事，本身對異性的興趣不高。

然而僅只一次，黑帝斯也曾陷入激烈的愛情而難以克制自己。對象是宙斯跟穀物女神**狄蜜特**的女兒**波瑟芬妮**。黑帝斯認為正面追求一定會被拒絕，因此他在得到宙斯許可後採取了強硬策略。

他讓水仙花大大盛開（＊1），**趁波瑟芬妮被吸引注意力而大意時趁機綁架她。**在製造出夫妻的既成事實後，狄蜜特也只能接受，是相當粗暴的手段。

愛女突然不見，狄蜜特不吃不喝，到處找波瑟芬妮找了九天。

宙斯明知道真相卻故作不知，而幾乎是唯一目擊者的太陽神**海利歐斯**和魔女**黑卡蒂**覺得狄蜜特太可憐，就將波瑟芬妮被綁架到冥府的事情告訴了她。

怨恨宙斯的狄蜜特開始罷工，大地荒蕪、穀物也不結穗，人們因此無法獻上貢品，困擾至極的宙斯派遣使者到黑帝斯那裡，命令他馬上將波瑟芬妮還給狄蜜特。

黑帝斯雖然從命，**但卻讓波瑟芬妮吃下石榴**（＊2），**如此一來她也是冥府的一員了。**狄蜜特再度爆怒後，宙斯提出妥協方案，**結果是波瑟芬妮一年有三分之一的時間在地上，三分之二的時間在冥府中生活。**

用語解說

＊1 **水仙**　有毒，所以又稱為「死亡之花」。

＊2 **石榴**　豐收與婚姻的象徵，吃下後便視為已婚。

黑帝斯獲得宙斯允許後，將波瑟芬妮帶往冥府。

流傳後世的希臘神話

宿於穀物中的精華

狄蜜特與羅馬神話中的克瑞斯被視為同一名神，克瑞斯的英文是「Ceres」，也就是穀片（cereal）的語源。

穀片是玉米、小麥、燕麥、玄米等穀物經過烘乾加工後的東西。原本是19世紀末為了讓療養中的人食用而於美國被開發出來。加上牛奶一起吃的話，就算只吃這一項食品也能攝取多種營養素，相當受到重用。

歐洲土地貧瘠的地區也會將雜糧做成粥狀來吃，自古以來就有這種習慣。

狄蜜特

33 荷米斯是天生的小偷

從嬰兒時期就玩弄阿波羅於股掌之間，連黃金手杖也偷到手

宙斯和**普勒阿得斯**（＊）之一邁亞有男女關係，幸運的是邁亞沒有被希拉發現，在阿卡迪亞地區的庫勒涅山生下了男嬰。

嬰兒荷米斯從呱呱墜地開始就相當惡質，還能靠一己之力活動。他不僅從搖籃中爬出，就連遠行也辦得到。

某天荷米斯爬到北方的皮耶利亞（Pieria），偷了阿波羅的50頭牛。他讓牛倒退走，自己則穿著大尺寸的涼鞋，將掩飾工夫做得很周到。

阿波羅到處找牛，最後找上了荷米斯，但荷米斯力辯自己這種嬰兒沒辦法做到而蒙混過去。

阿波羅雖然暫時回去，但因為他是預言之神，在這世上不會有他無法得知的事情，他再度來到了庫勒涅山。

荷米斯雖然想裝傻，但阿波羅轉向宙斯告狀。

看透一切的宙斯要荷米斯將牛還給阿波羅，但荷米斯完全沒有歸還的意思。他炫耀用龜殼當材料做成的豎琴，而阿波羅果不其然上當。

「給你牛，然後把這個豎琴給我。」

荷米斯暗自竊笑，接受了交易。**他又炫耀了蘆葦的笛子，阿波羅也想要，就答應將黃金的牧牛杖和可以用小石頭占卜的技術傳授給荷米斯作為交換條件。**

用語解說

＊**普勒阿得斯（Pleiades）** 阿特拉斯的七個女兒。

狡猾的荷米斯用策略欺騙阿波羅。

流傳後世的希臘神話

魔法師的設計

負責幫神明傳令的荷米斯，外表普遍是戴著寬帽沿的帽子，持手杖。這已經成為中世紀後魔法師的固定打扮。

特別的一點是，手杖是使用魔法必須的道具，如《哈利波特》的魔法師們、或是《魔戒》的甘道夫都是如此。

嬰兒荷米斯的小偷之行

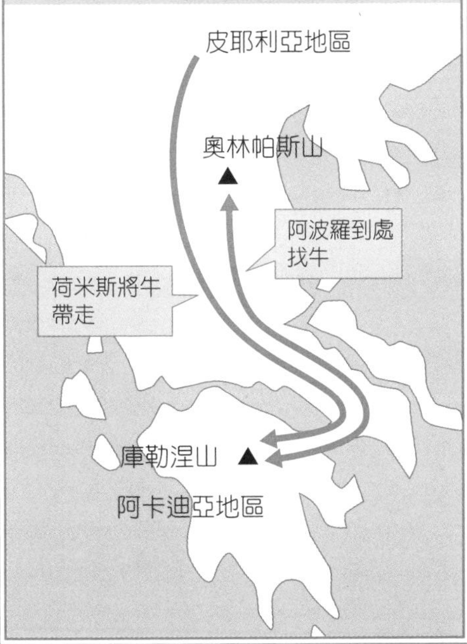

34 雅典娜跟阿拉克妮的技巧對決

不論是非，女神的鐵槌對著得罪自己的人類砸下

智慧及戰爭女神雅典娜也掌管技藝，**其中她最擅長的是紡紗和織布**。

人類中也有擅長織布的人，住在小亞細亞西岸科洛封（＊1）的少女**阿拉克妮**就擁有超群的織布技術，連寧芙都會特地遠道來參觀。

大家都認為這個技術正是雅典娜女神直接傳授的，但阿拉克妮卻斬釘截鐵地否定了。不僅如此，她還斷言，**她跟雅典娜比也不會輸，輸了可以滿足對方的任何要求，逼得雅典娜沒辦法繼續坐視不管**。

雅典娜先以老婆婆的樣子現身於阿拉克妮的面前，並說服她去請求女神寬恕，但阿拉克妮一點也沒有反省的樣子。

接著，雅典娜以女神的姿態現身。在場的人都跪了下來，只有阿拉克妮先是臉一紅，接著又轉青，卻沒有改變坐姿，似乎真有一決勝負的覺悟。

於是情況演變為雅典娜和阿拉克妮的單挑，雅典娜的作品充滿了神祇光榮的畫面；相比之下，阿拉克妮的作品訴盡了神的風情萬種與各種醜態。

結果，兩人的成品好得難分勝負，但看了那些諷刺作品的雅典娜無法不感到憤怒，她拿起一段櫸木樹枝，直接往阿拉克妮的頭部重重打了下去。

阿拉克妮似乎是為了抗議這不可理喻的對待而上吊自殺了，這讓雅典娜心生憐憫，並將她變成了蜘蛛的樣子。

用語解說

＊ **科洛封**　位於小亞細亞西岸（愛奧尼亞）的希臘人殖民城市。

女神雅典娜怎有辦法原諒阿拉克妮的自負與不敬。

雅典跟阿拉克妮的一決勝負過程

阿拉克妮		雅典娜
●成長		
●不敬	← 警告	●智慧
●反抗	比賽	●戰爭
	← 施暴	●技藝
●自殺		
	← 憐憫	●正義
●變成蜘蛛		

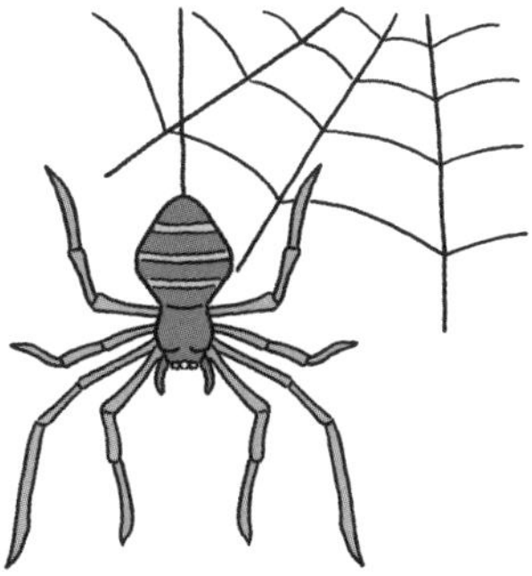

雅典娜憐憫自殺的阿拉克妮，
將阿拉克妮變成了蜘蛛。

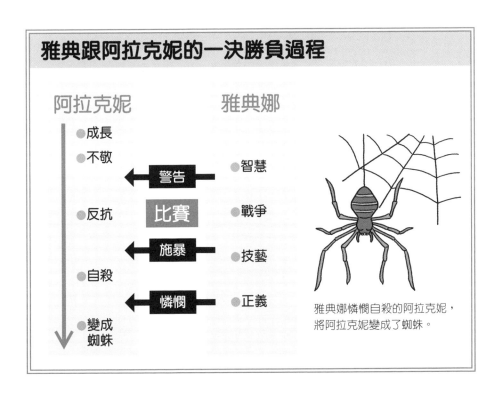

35 賽姬打破和厄洛斯的約定

忌妒與誘惑是人類超越時空的陋習

厄洛斯在海希奧德的《神譜》中被視為原始神之一，但現在，厄洛斯是**阿芙蘿黛蒂**（＊1）兒子的說法可能才是主流。

在將兩神視為母子的傳說中，有一則是阿芙蘿黛蒂嫉妒某國名為**賽姬**的公主美貌，而想讓她陷入不幸。

阿芙蘿黛蒂將這個任務交給了厄洛斯，但厄洛斯見到賽姬的美貌後，不小心讓戀愛的箭傷到了自己的指尖。

另一方面，賽姬的雙親因為女兒一直沒有良緣而煩惱，並請求神諭。結果神諭要賽姬穿上新娘衣服將她丟到山頂，而她的父母也聽從了。

被獨自留在山頂的賽姬被一陣風帶入了豪華的宮殿，和看不見樣貌的丈夫展開了新婚生活。雖然看不到僕人的蹤影，但若想進食跟入浴就會自動準備好，沒有什麼不方便的。

每晚總是溫柔抱擁賽姬的丈夫，都會在轉瞬間悄悄潛入被窩，且在破曉之前萬分叮囑賽姬「絕不能窺探我的容貌」後，就倏然離去。

嫉妒賽姬境遇的姊姊們一直說著想知道妹婿真面目，並叫唆她。**不安的賽姬也聽信了姊姊的話，用油燈照亮就寢中的丈夫的背，而映入她眼中的是長著翅膀的厄洛斯。**

一滴燈油正要滴到厄洛斯背上時，他便驚醒了，接下來就消失無蹤。同時宮殿也完全不見，僅留下在草原中獨自茫然的賽姬。

用語解說

＊ **阿芙蘿黛蒂**　和厄洛斯同為愛神，被視為血親。

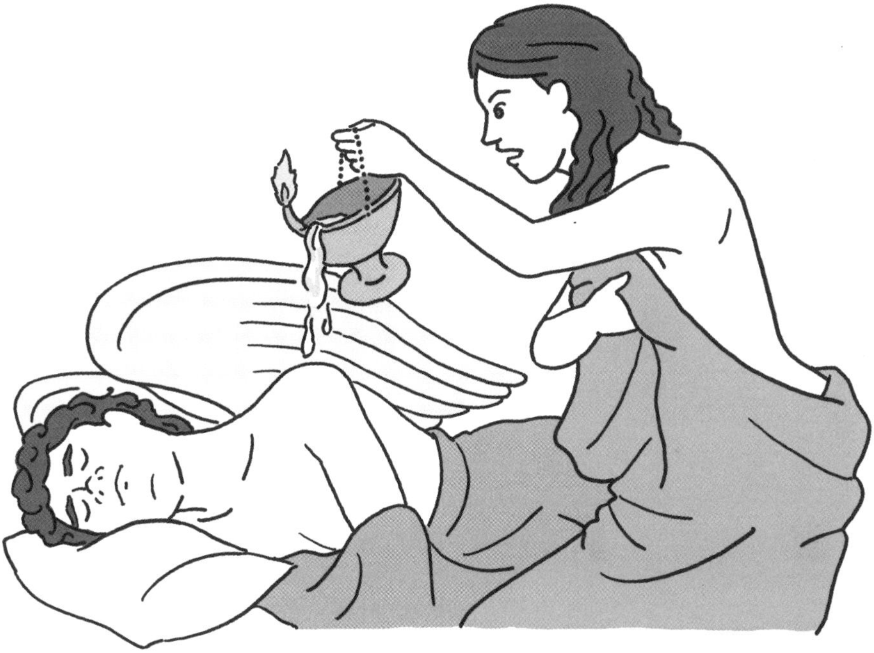

賽姬做出禁忌之舉，用燈照亮丈夫的背部。

流傳後世的希臘神話

美女與野獸夫婦的始祖

賽姬（Psyche）原本的意思是「呼吸」，後來化用為表示心或靈魂，賽姬這個字的英語讀法也成為心理學psycholoogy的語源。

另外也有一說是18世紀在法國發表，近年來被迪士尼製作成動畫電影的《美女與野獸》，原本靈感也是來自厄洛斯和賽姬的故事。

被眾人嫉妒的賽姬

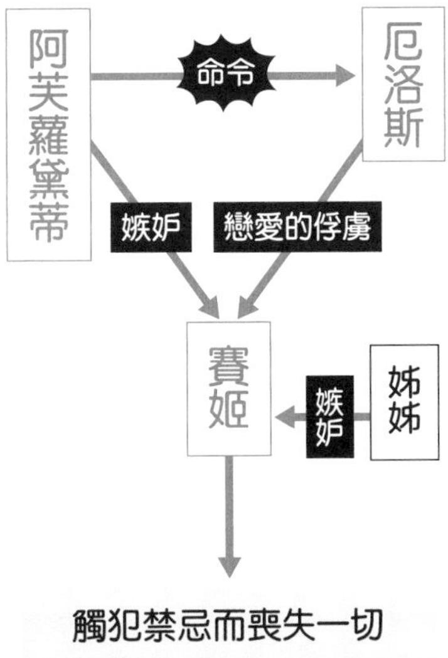

36 報復母親希拉的赫菲斯托斯

製造技術不輸任何人，使用工藝製作陷阱

關於鍛造及工匠之神赫菲斯托斯的出生，海希奧德《神譜》記載，他是由希拉單獨生下，但也有一說他是希拉跟宙斯的孩子。

後者的說法是，特洛伊戰爭時，宙斯偏心希臘同盟軍，相對地赫菲斯托斯和希拉同樣偏心特洛伊，於是宙斯被惹怒並將赫菲斯托斯趕出宮殿。

他流落到愛琴海的利姆諾斯島，島上居民幫他包紮並將他藏了起來，赫菲斯托斯因而獲救，但卻瘸了一隻腳。

也有一種說法是他生下來就有一腳殘缺，被希拉親手從奧林帕斯山頂丟到海中，被**歐律諾墨**（＊1）或**特提斯**（＊2）收容，在深海底的洞窟裡渡過了9年歲月，並習得了鍛造的技術。

後來赫菲斯托斯決心對母親復仇。他用其工匠技術打造出黃金椅並獻給希拉，在其中施加了可以把坐上去的人束縛住的鎖鏈機關，讓希拉動彈不得。

除了赫菲斯托斯，沒人能解開那鎖鏈，赫菲斯托斯也不怎麼接受宙斯等奧林帕斯眾神的調解，但最後他自己提出交換條件，同意解放希拉。**條件是在奧林帕斯山有正當地位，以及跟奧林帕斯數一數二的美女阿芙蘿黛蒂結婚。**

用語解說

＊1 **歐律諾墨**　歐開諾斯跟特提斯的女兒。

＊2 **特提斯**　英雄阿基里斯的生母。

赫菲斯托斯獻上的黃金椅有拘束人的機關。

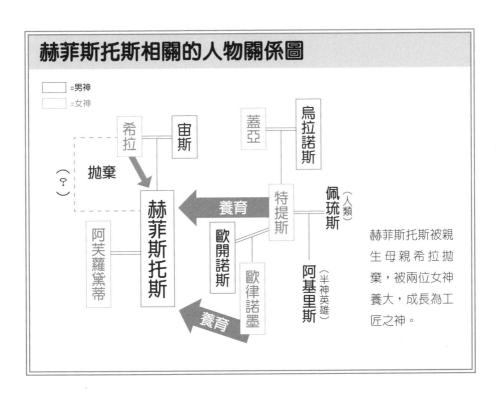

赫菲斯托斯相關的人物關係圖

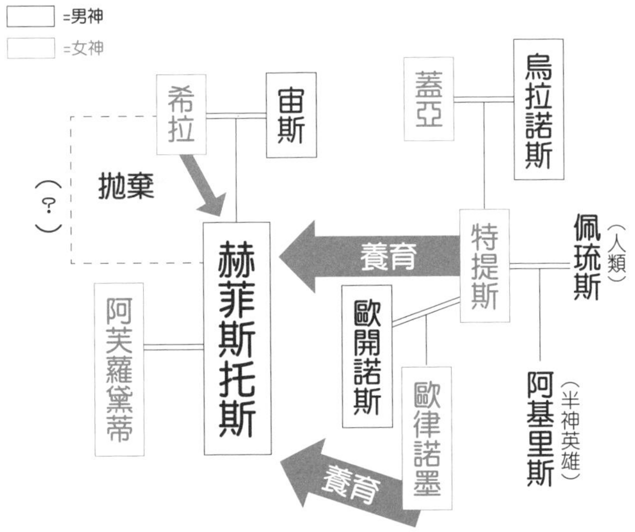

赫菲斯托斯被親生母親希拉抛棄，被兩位女神養大，成長為工匠之神。

37 阿芙蘿黛蒂和阿瑞斯的外遇

赫菲斯托斯又製作了陷阱，工匠技術足以彌補貧弱的力量

赫菲斯托斯和阿芙蘿黛蒂可說是美女與野獸，而最大的問題是阿芙蘿黛蒂的多情。一如預期，她瞞著赫菲斯托斯和許多男人私通。

其中她最喜歡的是軍神阿瑞斯。

太陽神海利歐斯（＊）看透了一切，**赫菲斯托斯從海利歐斯那裡聽說妻子外遇的事，決定懲罰她**，於是做出蜘蛛絲般透明的網並設在床上。

等赫菲斯托斯出門後，阿芙蘿黛蒂一如往常馬上就把阿瑞斯叫來了家裡。

然後兩神躺下來時，連神眼也看不見的網將他們抓了起來，除了赫菲斯托斯，沒人能解開或破壞這張網。

計算好時間回家的赫菲斯托斯因不甘心而顫抖，並將奧林帕斯的眾神叫來當證人。

雖說這件事本來就眾所皆知，但看到被現場活逮的兩神後，所有的神都忍不住哄堂大笑。

阿波羅等人還戳了戳荷米斯，低聲問：「你去代替阿瑞斯如何？」

結果荷米斯也回答：「就算是被所有神盯著看，能跟她一起睡的話我也很高興。」

但是畢竟不能永遠讓阿芙蘿黛蒂和阿瑞斯這個樣子，波賽頓出面仲裁後，赫菲斯托斯也軟化並釋放了兩神。

用語解說

＊ **海利歐斯**　掌握白天在天上發生的所有事。

赫菲斯托斯用看不見的網抓到阿芙蘿黛蒂和阿瑞斯。

流傳後世的希臘神話

戰火的象徵

阿瑞斯跟羅馬神話中的馬爾斯（英文是Mars）相同，希臘神話中的阿瑞斯出場不多，但古羅馬人對馬爾斯的信仰倒是和朱比特（羅馬神話中對應宙斯的名字）不相上下。這也是因為古羅馬是軍事國家吧。

另外火星也以馬爾斯為名，這是因為火星的紅色讓人聯想到戰火，紅色是火炎的顏色，同時也是大量的血的顏色。

赫菲斯托斯製作的物品

赫菲斯托斯給予衆神和英雄們各種物品。

鎧甲與頭盔
贈予阿基里斯

首飾
哈耳摩尼亞在結婚典禮時佩戴

美女
艾比米修斯的妻子潘朵拉

胸甲
贈予海克力斯

箭
送給阿波羅和阿提米絲

黃金王位
綁住希拉

網
捕捉阿芙蘿黛蒂和阿瑞斯

熱帶魚、裝飾品
送給特提斯

有翼馬車
送給海利歐斯

38 讓女性陷入狂亂的戴歐尼修斯

將葡萄酒用於信仰中，毫不猶豫報復迫害者的酒神

塞墨勒中了希拉的計謀而被燒死，她腹中的**胎兒瞬間被宙斯救出，並埋入其大腿中，滿月後，酒神戴歐尼修斯從宙斯的大腿跳出來。**

宙斯將嬰兒托付給塞墨勒的姊妹**伊諾**，但伊諾因希拉的算計被殺，於是孩子改托給住在倪薩山中的寧芙並養育成人。另外也有一種說法是由住在佛里幾亞山野中的薩堤爾養育。

長大後，戴歐尼修斯持續受到希拉的迫害，不得不過著流浪生活。

但是他學會了葡萄栽種法和葡萄酒的製作技術，並獲得很大的成果，他四處傳授給別人，並努力普及祭祀自己的祕密儀式。

這個祭祀儀式是在晚上一邊喝葡萄酒一邊狂歡跳舞的特殊儀式，信徒大半都是女性，所以被當時存在的掌權者們敵視。

敵視者的其中之一是戴歐尼修斯的表兄弟，底比斯國王**彭休斯**，但是居民都相當熱衷於戴歐尼修斯的教導。其中彭休斯的母親**阿佳薇**（＊1）也是其中一人。

就算戴歐尼修斯被關起來，也很快能逃獄成功，所以幾乎沒有效果。彭休斯找到正當化強制手段的藉口後，便孤身嘗試潛入儀式會場的山中。

他在樹上偷看，卻被信徒發現，**彭休斯被以阿佳薇為首的女性信徒們親手撕裂，正在儀式中的她們酩酊大醉，陷入了無法分辨人跟野獸的狀態。**

用語解說

＊ **阿佳薇（Agave）**　塞墨勒和伊諾的姊妹，底比斯建國者是她們的父親。

在晚上的山中，酒神戴歐尼修斯一面喝著葡萄酒一面歡喜亂舞。

流傳後世的希臘神話

嘉年華的原型

戴歐尼修斯又名巴克斯（英文為Bacchus），祭祀戴歐尼修斯的狂喜祭典稱為Bacchanales，現在基督教各國舉辦的狂歡節（嘉年華）也以巴克斯之名稱呼。

以熱鬧演奏及舞蹈聞名的南美森巴嘉年華，比起扮裝並戴上面具的歐洲各地特色嘉年華還更接近原本的樣子。

戴歐尼修斯相關的人物關係圖

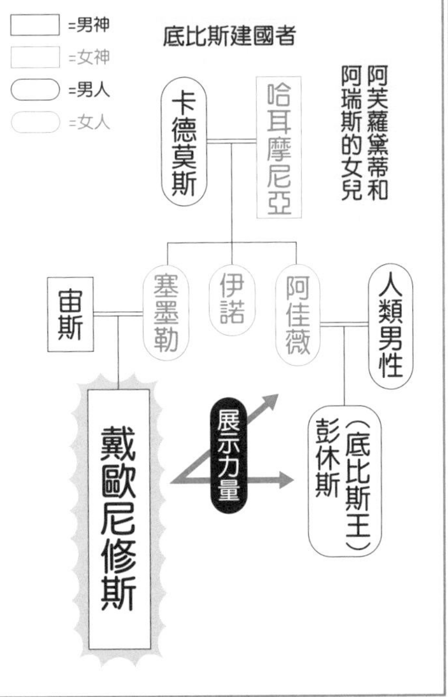

希臘神話的聖地巡禮
其三

奧林帕斯山

宙斯跟希拉等奧林帕斯12神（參照第4頁）的宮殿位於奧林帕斯山，一般認為這座山是指希臘北部的奧林帕斯山。

離它最近的都市是希臘第二大城塞薩洛尼基（Thessaloniki），由於沒辦法從首都雅典當日來回奧林帕斯山，可以選擇從塞薩洛尼基出發的當地旅遊行程。

奧林帕斯山不只有一個山，而是群山的總稱，最高峰為海拔2917公尺，如果不使用正式的登山裝備是不可能登頂的。

天氣好的時候，可以在灰色雲海中看到巍峨山壁，這景象頗有神話氛圍，還能眺望藍色大海，可以理解光學機器廠商奧林巴斯公司以此山命名的理由。

即使體力不足以登頂，只能從山腳眺望，這樣也已經足以感受到奧林帕斯山的威勢了。

在登山口東側山腳的城鎮里托楚倫（Litochoro）被稱為神之城，倘若當地還有祭祀奧林帕斯12神的宮殿最好，可惜的是，在當地信仰變成基督教後，這已經是無稽之談。

但作為替代方案，若參加當地旅遊行程，會介紹位於迪翁（Dion）的古代馬其頓宙斯神殿遺址，那位亞歷山大大帝在遠征東方前也曾在此獻上祭品，是淵遠流長的聖地。

山腳下往上看的奧林帕斯山頂（照片：PIXTA）

第 4 章

英雄們的故事

39

被隔離在青銅製房間的達那厄

宙斯之子柏修斯從出生前就有著曲折的經歷

阿爾戈斯之王**阿克里西俄斯**很害怕。

「女兒所生下的孩子會殺了你。」一聽到這麼危險的神諭，會有這種反應也是正常的。

所以他大概是想辦法盡一切努力，看看能否讓預言失靈吧。等到獨生女達那厄成長到一定年紀後，阿克里西俄斯把她關進了青銅製的房間。無論牆壁或門都非常堅固。看守也很森嚴，理論上不管是誰都沒辦法進入房間。

如果是人類的話確實如此，但神的話就另當別論了，何況是被**宙斯**看上。**宙斯化身為黃金雨，從微小的縫隙中成功進入室內，並達成了他的目的。**

等阿克里西俄斯注意到時，達那厄的肚子已經相當大了，無法墮胎。

其實只要把女兒跟肚中的孩子一起殺掉就可以解決問題了，但阿克里西俄斯對可愛的獨生女下不了手，只能繼續想其他好辦法。

生下的孩子被命名為**柏修斯**，**他一出生就面臨別離。柏修斯跟達那厄一起被裝入木箱中，流入了愛琴海。**

在海浪間漂流幾天後，木箱漂到了塞里福斯島（*）。幸運地被名為**狄克堤斯**的漁夫撿到，性格溫柔的狄克堤斯溫暖地接受了達那厄跟柏修斯並照顧他們。

用語解說

＊ **塞里福斯島（Serifos）**　愛琴海中部基克拉澤斯（Cyclades）群島其中之一。

化為黃金雨的宙斯出現在達那厄的面前，達那厄懷孕了。

流傳後世的希臘神話

英雄成長故事的始祖

自古以來，各地都有很多像柏修斯一樣從嬰兒成長為英雄的故事（貴族流落民間的故事）。其中柏修斯的神話對後世作品的影響尤其強大。例如《星際大戰》的路克・天行者或《魔戒》的佛羅多等角色都有和柏修斯相似的冒險。

柏修斯和達那厄的漂流

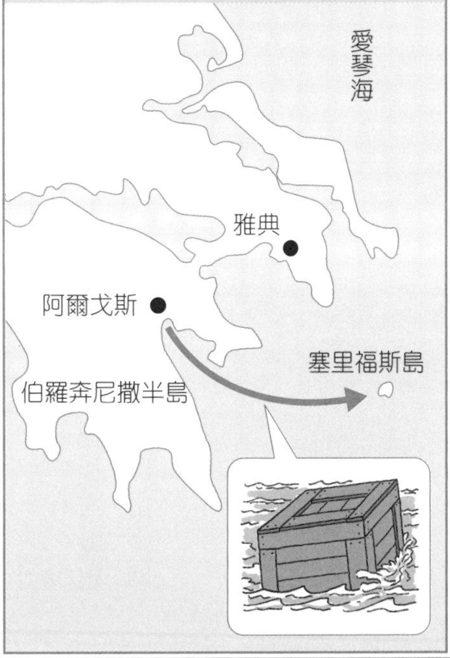

40 柏修斯擊敗梅杜莎

半神英雄迎戰能將所見者變成石頭的怪物

柏修斯成長為強壯的青年時，塞里福斯島的國王**波呂德克特斯**（Polydektes）得知達那厄的存在及其美貌。國王想要追求達那厄，**但達那厄沒有那個意思，而柏修斯也一直陪伴在她身邊，所以國王也無法使用強硬的手段。**

國王心生一計，他公告要從其他國家迎娶王妃，將島上的男性聚集於宮中，要求為了慶祝，每人必須獻上一匹馬。

柏修斯是母子家庭，沒有買馬的資金，所以他說：「如果是我的能力可以取得的東西，就算是**戈爾貢**（＊1）的頭我也可以帶回來，唯有馬我沒辦法給。」

這正是波呂德克特斯期望聽到的話，**去討伐戈爾貢的人沒有一個生還的，柏修斯如果死了，他就能對達那厄為所欲為了。**

戈爾貢具有讓人一看就石化的可怕姿態，不是能隨意取勝的對手，宙斯知道兒子陷入危機後，派遣了**雅典娜**和**荷米斯**。

在兩神的建議下，柏修斯先是拜訪**格賴埃**（＊2）三姊妹，成功問到戈爾貢的所在位置。

接下來就是要擊敗戈爾貢了，他決定目標是三姊妹中唯一沒有不死身的小妹梅杜莎。

梅杜莎也是很可怕的強敵，**但在雅典娜跟荷米斯出借許多裝備的幫助下，柏修斯平安取下了梅杜莎的首級。**

用語解說

＊1 **戈爾貢** 頭髮變成無數蛇髮的怪物三姊妹。
＊2 **格賴埃（Graeae）** 戈爾貢的姐妹，一出生就是老婆婆的樣子。

柏修斯用跟眾神借來的武器取下了梅杜莎的首級。

柏修斯的裝備

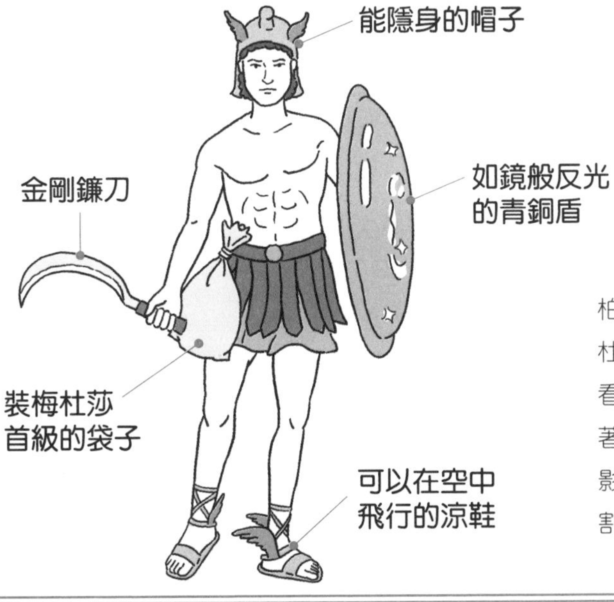

柏修斯隱身後接近梅杜莎，然後沒有直接看著梅杜莎，而是看著映照在盾上的倒影，用鐮刀把她的頭割了下來。

41 救出美女安朵美達

柏修斯解放了害怕海怪的衣索比亞王國

將梅杜莎的首級裝入袋中後，柏修斯準備返回塞里福斯島。**在接近衣索比亞上空時，他看到年輕女孩被鎖鏈綑綁在岩石上的景象。**柏修斯覺得奇怪，降落到地面，得知女孩是衣索比亞的公主**安朵美達**（Andromeda），她之所以被拘束於此，都是因母親**卡西俄珀亞**（Cassiopeia）大放厥詞的關係。

「海中的**涅瑞伊得斯**（＊1）沒有一位比得上我的。」

王妃一句話展現對容貌的自信，卻惹怒了涅瑞伊得斯們。**波賽頓**也接受她們的請託，驅使海怪作亂。為此，王室向阿蒙神殿（＊2）求問神諭，得知只有獻上女兒才能解決，便只得把她綁在礁岩上。

柏修斯對安朵美達一見傾心，請求謁見國王**克普斯**（Cepheus），**以和公主結婚為條件自請擊退怪物，並躲在岩石陰影處等待怪物現身。**

據說怪物一從海中出現，柏修斯便與他激烈纏鬥，打倒了牠，並用梅杜莎的頭讓它石化。

無論如何，柏修斯順利擊退怪物，成功解救了安朵美達。他帶著安朵美達回到王宮，接受國王夫婦的熱情款待。

此時克普斯的兄弟，也就是安朵美達的未婚夫**菲紐斯**（Phineus）率領手下蜂擁而至，想阻止一切，但柏修斯不慌不忙地大喊「我的同伴請把臉轉過去」，並高舉梅杜莎的頭，讓所有闖入者化為了石頭。

就這樣，兩人終於結為連理。

用語解說

＊1 **涅瑞伊得斯（Nereids）** 海神涅羅斯的50名女兒。

＊2 **阿蒙神殿** 位於埃及西部的綠洲，因神諭而出名。

為了幫助安朵美達，柏修斯襲擊海怪。

流傳後世的希臘神話

化為星星永生

以柏修斯神話的角色們命名，自晚秋至初冬閃耀於天空北方的星座，如英仙座、仙女座、仙王座、仙后座、鯨魚座（Cetus，指海怪）等，現在也還持續閃耀著。

卡西俄珀亞英文為Cassiopeia，也用於JR東日本的特急臥鋪列車，這是由於該列車會從上野北上前往札幌。

自晚秋至初冬閃耀於天空北方的星座

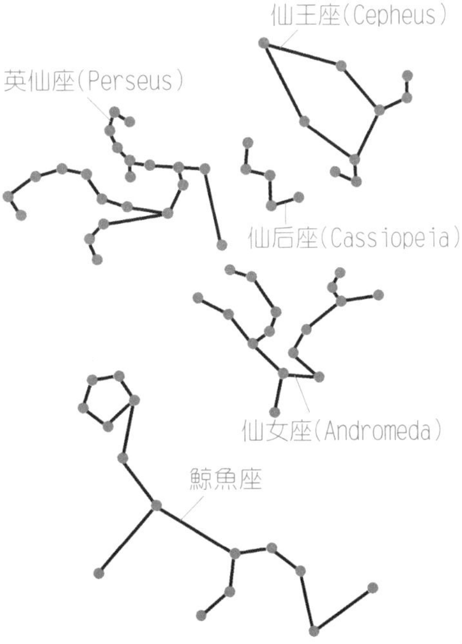

42

殺了毒蛇的嬰兒海克力斯

一生下來就能發揮超人怪力的宙斯之子

女神希拉的嫉妒不只是針對宙斯的外遇對象，也會波及女性生下的孩子。柏修斯孫女邁錫尼(*)公主**阿爾克墨涅**，以及她跟宙斯生下的孩子海克力斯就是好例子。

阿爾克墨涅已經跟堂兄**安菲特律翁**(Amphitryon)結婚，**但看上她的宙斯趁著安菲特律翁遠征時，變身成安菲特律翁達到目的。**直到真正的丈夫天亮回來後，阿爾克墨涅才發現被騙了，從手法來看，也只有宙斯能做到。

發現宙斯外遇的希拉很快就開始惡整阿爾克墨涅，她命令生產女神埃雷圖亞讓阿爾克墨涅的生產時間延後，讓她叔叔**斯忒涅洛斯**(Sthenelus)的小孩先出生，因此邁錫尼的王位繼承順序就到了斯忒涅洛斯的孩子**歐律斯透斯**的手上。

接著希拉又將兩隻毒蛇送去8個月大的雙胞胎那裡，然而，**嬰兒海克力斯不僅空手抓住牠們，還輕鬆將牠們勒死。**

不愧是半神，而且還是宙斯之子，海克力斯從安菲特律翁那裡學到了操作戰車的方法，接著又從各個專家那裡學了摔角、弓箭、劍術等技術，成長為可靠的武士。

18歲時，他擊敗兇暴的獅子，剝下皮做成了衣服，爾後從獅子口中露出臉的樣子就成了他的標誌。

用語解說

＊ **邁錫尼**　在伯羅奔尼撒半島東北部建立邁錫尼文明的城市。

嬰兒海克力斯輕鬆勒死了兩隻毒蛇。

流傳後世的希臘神話

形容強大力量的名字

後世將海克力斯的名字視為強壯跟巨大的代名詞。

世上最大的獨角仙因此被稱為海克力斯長戟大兜蟲（Hercules beetle）。

另外荷蘭的職業足球隊「阿爾梅羅赫拉克勒斯」（Heracles Almelo）和大阪證券交易所所經營的股票市場海克力斯，也都是想借用英雄的力量而取的名字。

海克力斯的家譜

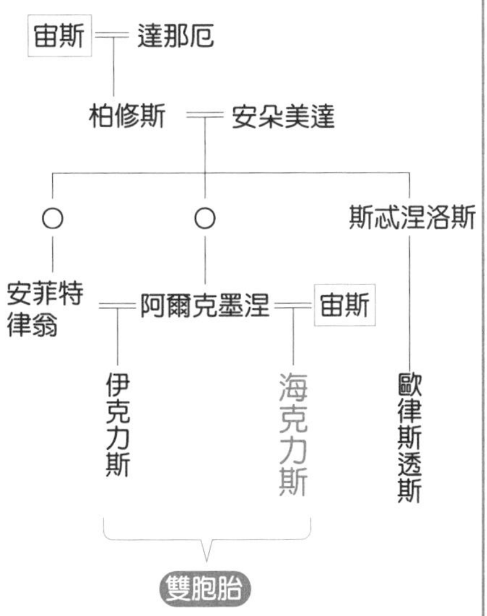

43

海克力斯的12項試煉

擊退怪物易如反掌，不會輕易死去的半神英雄。

待海克力斯成年後，希拉又再度展開攻擊，海克力斯被希拉的詛咒侵蝕理智，失去自我，親手殺害了自己的妻子跟外甥們。

為解除希拉的詛咒，海克力斯問了德爾菲的神諭，**得知要侍奉邁錫尼王歐律斯透斯，並完成國王給的12項試煉。海克力斯接二連三挑戰凡人一個也無法辦到的試煉。**

在試煉之中，他擅長擊敗或捕捉怪物，但也有打掃巨大家畜棚這種特殊的考驗，就這樣，他發揮智慧，或是借助雅典娜女神的幫助來度過難關。

完成12項試煉後，海克力斯迎娶卡利敦的公主**德伊阿妮拉**作為第二任妻子，但之後還是繼續面臨各種困難。

海克力斯最後面臨的最大痛苦是名為**涅索斯**的惡徒對他下的毒，涅索斯死前謊稱自己的血是戀愛媚藥，信以為真的德伊阿妮拉為了不讓海克力斯愛上其他女性（＊），而在海克力斯的內衣塗了涅索斯的血。

實際上涅索斯的血是特殊的劇毒，一旦附著到人體後就絕對不會脫落，如果要強制剝下的話，皮膚跟肉都會一起脫落而加倍痛苦。海克力斯無法忍受，命令隨從活生生火葬自己。

在危急時刻，奧林帕斯的神明們介入，將海克力斯迎到了天上。

用語解說

＊ **其他女性**　德伊阿妮拉嫉妒的對象是俄卡利亞（Oechalia）的年輕公主伊俄勒（Iole）。

「擊敗九頭水蛇海德拉」是海克力斯的12個試煉中的第二個。

海克力斯的12項試煉

1 擊敗尼米亞的獅子
和刀劍不入的尼米亞獅子纏鬥三天後成功絞死。

2 擊敗勒拿的海德拉
用一根棍棒將九頭水蛇的頭一顆顆擊落，用火烤傷口來打敗。

3 活捉克列尼亞的牡鹿
追逐有黃金角跟青銅蹄的牡鹿一年後活捉。

4 活捉厄律曼托斯山豬
將棲息於厄律曼托斯山的大豬趕到雪地上，活捉。

5 打掃奧革阿斯的家畜棚
花了一天大掃除30年沒打掃且飼養了3000頭牛的牛舍。

6 擊退斯廷法洛斯湖的鳥群
射殺在斯廷法洛斯群聚的鳥，其翅膀、爪子、嘴都是青銅製。

7 捕捉在克里特暴走的牛
徒手跟被神使喚的美麗狂暴公牛搏鬥並捕捉。

8 捕捉狄俄墨得斯的食人馬
國王狄俄墨得斯讓食人馬吃掉旅人，海克力斯反過來讓國王被馬吃掉，活捉了馬。

9 從亞馬遜女王身上奪取腰帶
殺害亞馬遜女王希波利塔，並奪取她的腰帶。

10 捕捉格里昂的紅牛
殺害怪物格里昂王，並捉住他的紅牛們。

11 獲取金蘋果
欺騙阿特拉斯並找尋黃金蘋果樹，得到蘋果（也有其他說法）。

12 捕捉賽伯拉斯
徒手捕捉有三顆頭的地獄看門犬賽伯拉斯。

44

棲息於迷宮的怪物米諾陶洛斯

忒修斯打倒怪物拯救了雅典，但是……

英雄**忒修斯**是雅典國王**埃勾斯**和特洛曾（Troezen）公主**愛特拉**（Aethra）所生下的孩子。

但是他們沒有正式的婚姻關係，忒修斯父親的身分有很長一段時間都是祕密，直到忒修斯16歲，父子才終於相認。

感動的會面只有一剎那，忒修斯馬上就前往克里特島開始了危險的旅程。

當時軍力較弱的雅典，每年都被克里特王**邁諾斯**要求獻上年輕男女各7人，以當成祭品獻給牛頭人身的怪物**米諾陶洛斯**（＊1）。**聽說這件事的忒修斯決定擊敗怪物，而跟著他們前去。**

途中，邁諾斯的女兒**阿里阿德涅**一眼就愛上他，她給了忒修斯一顆線團。

米諾陶洛斯居住的迷宮（Labyrinth），其中道路錯綜複雜，一旦進入就再也出不來。忒修斯聽從阿里阿德涅的忠告，一面放線一面前往深處。他打算擊敗米諾陶洛斯後，沿著線回到外面。

米諾陶洛斯是可怕的怪物，但經歷許多冒險的忒修斯並不害怕，在激鬥後打敗了牠。

邁諾斯王隨即追擊，忒修斯擺脫追擊，趕著回國，**他卻忘了跟他父親的重要約定。若是活著回去，要把帆的顏色從黑換成白的。**

結果父親埃勾斯看到黑帆船隻接近，誤以為忒修斯已死，投身於大海之中（＊2）。

用語解說

＊1 **米諾陶洛斯**　邁諾斯王妃帕西淮（Pasiphaë）跟公牛生下的孩子。
＊2 **海**　這裡的海是指現在的愛琴海，「愛琴」源自埃勾斯（Aegeus）。

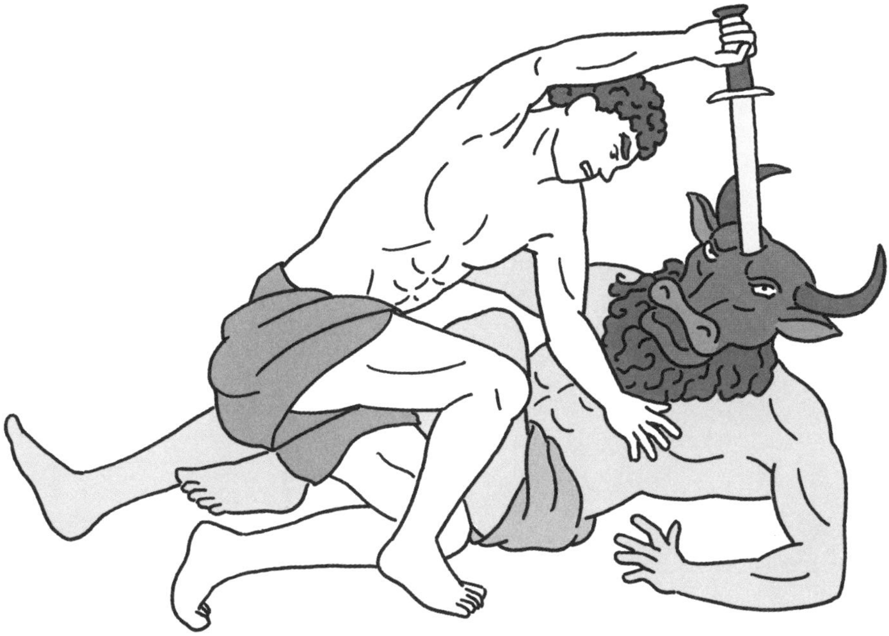

忒修斯擊敗牛頭人身的怪物米諾陶洛斯。

流傳後世的希臘神話

迷宮跟難關是一體的

道路經設計很難找到出口的地方，或容易迷路的道路，英文稱為「Labyrinth」。其由來就是神話裡出現的迷宮。

「Labyrinth」也用來稱呼毫無線索、看不到解決曙光的犯罪事件，或找不到犯人而中止搜查的事件，這時會形容案情進入了迷宮。

忒修斯的足跡

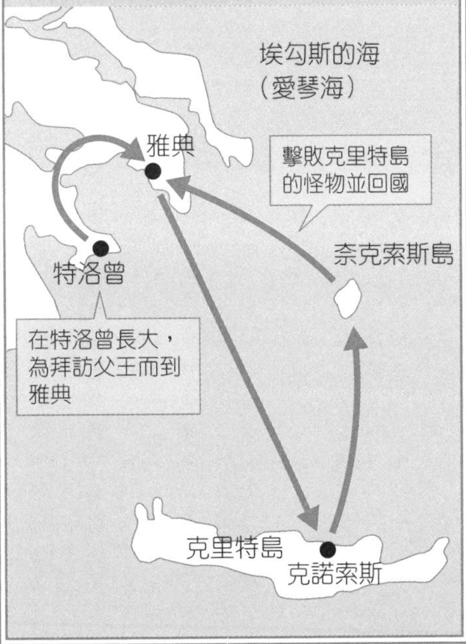

45 淮德拉的外遇代價太過龐大

輕視阿芙蘿黛蒂而產生的連鎖悲劇

埃勾斯死去，因此忒修斯繼承了雅典的王位。

但是和忒修斯華麗的前半生相比，接下來他身上發生的就是一連串的不幸。

悲劇要從前妻**希波利塔**（＊1）留下的兒子**希波呂托斯**開始說起，他有著相當潔癖的性格，因此崇拜處女神**阿提米絲**，同時也十分輕賤性愛女神**阿芙蘿黛蒂**，因起引起了女神的憤恨。

阿芙蘿黛蒂選中忒修斯的第二任妻子**淮德拉**（＊2），在她心中種下對義子瘋狂的戀愛之情。

母子亂倫是不被允許的，所以淮德拉非常痛苦。看不下去的保姆趁忒修斯不在時前去找希波呂托斯，讓他發誓保密後，傳達了淮德拉的情感，然而重視貞潔的他當然不可能接受，還嚴厲斥責了保姆。

他斥責的對象也包含淮德拉本人，因為希波呂托斯情緒高昂，所以聲音也變得高昂，傳進了遠方淮德拉的耳中。

沒有比這更糟糕的發展了，淮德拉因為絕望而自殺。

然而，**她的遺書中卻記載著「希波呂托斯抱著邪念羞辱了我」這樣的錯誤內容**，引發了悲劇的連鎖。

發誓會保密的希波呂托斯沒有說出淮德拉死亡的真相，因此情緒激昂的忒修斯說要流放他，他也只能沉默地接受。

用語解說

＊1 **希波利塔**　女戰士亞馬遜族的女王。
＊2 **淮德拉（Phaedra）**　阿里阿德涅的妹妹。

對義子抱有戀愛情感的淮德拉，一切都是性愛女神阿芙蘿黛蒂的計謀。

流傳後世的希臘神話

「忒修斯的船」是指？

2020年1月開始上映而成為話題的電視劇《忒修斯的船》（日本TBS），是以忒修斯的故事延伸的成句來當作標題。

「忒修斯的船」指的是忒修斯前去擊敗米諾陶洛斯時來回乘坐的船，雅典決定永久保存它，但因為是木造船而不得不一直更換零件，原始的零件現在已經完全消失。這是否還能稱為「忒修斯之船」，就讓人感到矛盾。

古希臘人所抱持的矛盾心情就產生出「忒修斯之船」這樣的成句，這個問題現在也還是很犀利，而持續被探討著。

46

斯芬克斯的謎題

被拋棄的王子伊底帕斯擁有傑出的智慧

底比斯國王**萊瑤斯**收到了「會被自己的兒子所殺」的神諭。因此每當王妃**約卡絲泰**生下兒子，國王就會命令侍從將孩子帶到阿提卡的邊境山區裡拋棄。

牧羊人接受侍從命令要遺棄小孩，但他覺得不忍，**就把孩子交給了沒有小孩而感到寂寞的科林斯王夫婦。**因為孩子的腳跟被針刺穿，夫婦將他命名為**伊底帕斯**（*），當成親生的孩子仔細養大。

伊底帕斯以科林斯王子身分長大，並聽到自己不是國王夫婦的孩子的傳聞，雖然國王夫婦否定了，但伊底帕斯感到不安，還是前往德爾菲問了神諭。結果得到的消息是「會殺害父親，娶母親為妻」這樣忌諱的內容，伊底帕斯為了不讓預言成真就沒有回國，而開始了流浪之旅。

伊底帕斯造訪底比斯的時候，底比斯的城市已經相當荒廢，原因是國王不在，而且郊外山丘有怪物**斯芬克斯**出沒。怪物有著女人的臉，獅子模樣的胸、腳和尾巴、背上則有著大大的鳥翅膀。他會對旅提出謎題，解不開的人就會被吃掉。

那個謎題是：

「只有一種聲音，早上四隻腳，中午兩隻腳，晚上三隻腳的生物是什麼？」

誰也解不開這個問題，而伊底帕斯卻朝著斯芬克斯出沒的山丘，**自信滿滿地說出答案：「人類」**。

斯芬克斯因智慧輸人而感到羞恥，投身谷底自殺了，底比斯的城市也取回了往日的繁榮。

用語解說

＊ **伊底帕斯**　意為「腫起來的腳」。

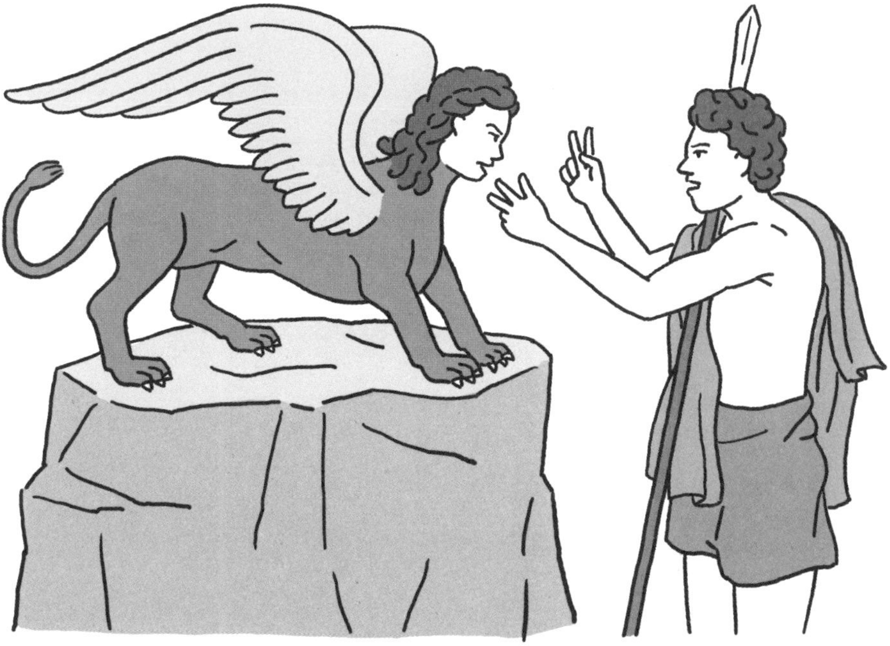

伊底帕斯成功答對斯芬克斯的謎題。

斯芬克斯的謎題解答

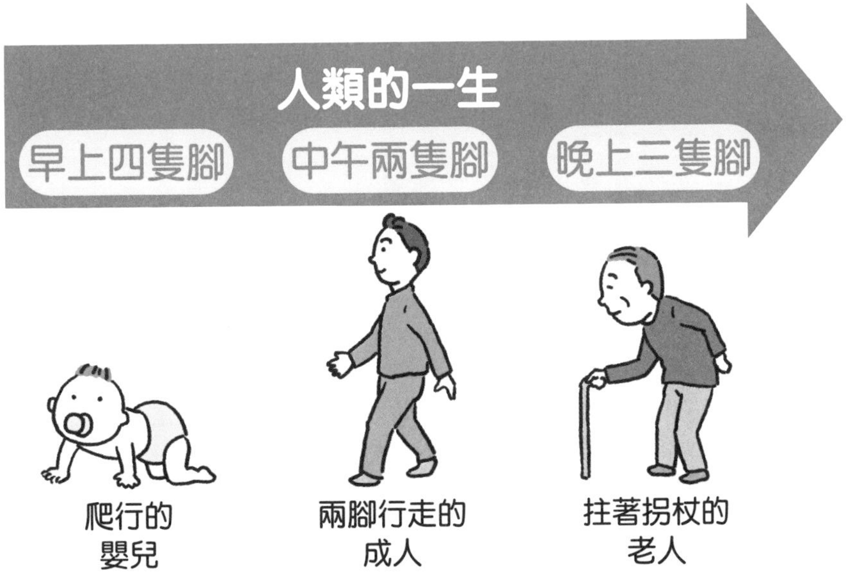

47

伊底帕斯無法逃脫的命運

在不知情的情況下犯了弒父及母子相姦的大罪

伊底帕斯抵達底比斯時，國王萊瑤斯已經不在世上，由王妃約卡絲泰的兄弟**克瑞翁**（Creon）代為攝政。

萊瑤斯被人殺害後，王座便一直無人問政，因此克瑞翁宣告：「只要有人可以解開斯芬克斯之謎，就授予他王位與王妃。」於是，伊底帕斯報上了自己的名字。

伊底帕斯解開斯芬克斯謎題後，如約被授予了王位跟王妃約卡絲泰，也生下了小孩。

後來底比斯發生飢荒和瘟疫，伊底帕斯請求德爾菲的神諭，得知「只要流放殺害萊瑤斯的犯人就能平息災難」，於是伊底帕斯開始努力找尋犯人。

但在調查當時的情況後，伊底帕斯的臉色愈來愈差。

先王被殺的原因，是他在某個三岔路跟人起了誰要讓路的爭執。聽聞此事後，伊底帕斯心裡有了底，時間也符合，於是伊底帕斯不禁想起了不祥的神諭。

萊瑤斯被殺時，犯人的目擊者只有在場的侍從。那個侍從正是被萊瑤斯命令要丟棄嬰兒的人。**根據他的證言，伊底帕斯從出生到殺害萊瑤斯，一切事實已經彰顯。**

約卡絲泰因為衝擊太大而上吊自殺，伊底帕斯也因沒能看穿真相而用針刺瞎自己雙眼，並甘願接受了流放的處分，之後在雅典王忒修斯的庇護之下，和女兒**安蒂岡妮**（＊）兩人過著簡樸的餘生。

用語解說

＊ **安蒂岡妮（Antigone）** 伊底帕斯和約卡絲泰的孩子。

男人沒有報上名字，所以伊底帕斯在不知道對方是親生父親的情況下殺了他。

流傳後世的希臘神話

點出親子間的難題的男人

伊底帕斯的母子亂倫故事，給了精神分析學始祖佛洛伊德靈感，主張「伊底帕斯情結」這樣的心理。這是指男孩對母親抱有思慕之心，而憎恨仇視父親的心理傾向。伊底帕斯的英語讀法為「Oedipus」。

另外女孩子敵視母親被稱為「厄勒克特拉情結」，厄勒克特拉（Electra）是邁錫尼王阿格曼儂的女兒。

伊底帕斯悲劇的一生

- 被底比斯王捨棄，以科林斯王子身分長大

↓

- 受「殺害父親，娶母為妻」的神諭影響而離開科林斯

↓

- 在三岔路上遇到親生父親並殺害他

↓

- 擊敗斯芬克斯，成為底比斯王，娶親生母親為妻，也生下小孩

↓

- 知道事實後自毀雙眼

↓

- 被底比斯流放

48 帕里斯的裁判發展為大戰

最美的女神是誰？為爭奪最美寶座而舉辦的競賽

這個故事是在人類數量增加太多，宙斯召來秩序女神**泰美斯**等神商討對策時發生的事。

宙斯過去曾追求海之女神**特提斯**，但因為**普羅米修斯**的忠告（＊）而放棄了，特提斯和人類**佩琉斯**結為連理後，盛大舉行婚宴，而神明中只有紛爭女神**厄莉絲**沒有被邀請。

產生怨恨的厄莉絲在宴會場裡丟了一顆蘋果，蘋果上寫著要給「最美的女神」。

女神們開始主張自己才是最美的，其中到最後都沒有放棄的有宙斯的正妻希拉、戰爭女神雅典娜、美之女神阿芙蘿黛蒂三位。

神明們為了誰可以判決而爭吵不休，最後將這個責任交給了他們之外的第三者。特洛伊的王子**帕里斯**因而被挑上。

女神們爭相跟他交換條件。希拉要給出世界的支配權，雅典娜是百戰百勝，阿芙蘿黛蒂則是以人類中最美的美女作為交換條件，最後帕里斯選擇了阿芙蘿黛蒂。

雖說若規定只能選擇未婚女性就不會出問題，偏偏女神沒限定對象為已婚或未婚的女性，既然如此，帕里斯便選擇了世界第一美人——斯巴達的王妃**海倫**。於是，**帕里斯在阿芙蘿黛蒂的全面協助之下，將海倫帶回了特洛伊。**

斯巴達王**墨涅拉俄斯**當然不肯就這樣接受，墨涅拉俄斯的哥哥，也是邁錫尼王**阿格曼儂**，成立了全希臘同盟軍，並自命為總指揮官，展開奪回海倫的特洛伊遠征。

用語解說

＊ **普羅米修斯的忠告**　宙斯聽說「特提斯的孩子是會超越父親的存在」的預言。

帕里斯選擇了阿芙蘿黛蒂為最美的女神。

流傳後世的希臘神話

比喻意想不到的結果

特洛伊戰爭直接的導火線是「帕里斯的裁判」，這樣的詞也作來比喻意想不到的結果或重大的判斷失誤。

現代的葡萄酒業界也有「帕里斯的裁判」。

在1976年在巴黎進行的試飲會，當時普遍認為「高級葡萄酒只有法國釀得出來」，但是沒沒無聞的加州紅酒白酒，卻在當年一同勝過了法國一流產地的酒。這個意想不到的結果被後世稱為「帕里斯的裁判」，命名自舉辦試飲會的巴黎（Paris）與希臘神話的帕里斯。

49

活在悲傷中的普里阿摩斯

化身復仇之鬼的阿基里斯討伐了敵將赫克特

全希臘同盟軍總數約10萬人，智囊是伊薩卡島國王**奧德修斯**，特提斯之子**阿基里斯**則作為主要戰力而受到期待。

神明們坐在聳立於特洛伊東邊的伊達山上愉快地欣賞，而且**大多數的神都有自己偏好的陣營，爭鬥也演變成長期的戰爭。從開戰起經過了10年歲月，都還沒有分出勝負。**

在厭戰氣氛逐漸濃厚的時候，同盟軍內部產生了問題，阿基里斯跟總指揮官阿格曼儂不和，並決定罷戰。

眼見同盟軍開始被壓制，阿基里斯的好友**帕特羅克洛斯**造訪阿基里斯的陣營，在他萬般拜託下，阿基里斯借出了自己的武器。

特洛伊軍將帕特羅克洛斯誤認為是阿基里斯，一度潰不成軍。

但當他們知道那不是阿基里斯本人後，反擊便開始了，身兼特洛伊軍總指揮官的第一王子**赫克特**（*）擊敗了帕特羅克洛斯。

收到通知的阿基里斯立刻放下了對阿格曼儂的私仇，重回了戰場。**他徹底追殺赫克特，終於打敗了這名帕特羅克洛斯的敵人，將赫克特的屍體綁在戰車後面，拖回了自己的陣營。**

阿基里斯將赫克特的屍體曝曬數日後，某天晚上，特洛伊老國王**普里阿摩斯**偷偷來拜訪阿基里斯，他拿出龐大的贖金，跪在阿基里斯面前，親吻他的手並懇求。看到這種模樣，阿基里斯也不禁心生憐憫，不只歸還屍體，還答應在葬禮期間休戰。

用語解說

＊ **赫克特（Hector）**　相當受到阿波羅神中意。

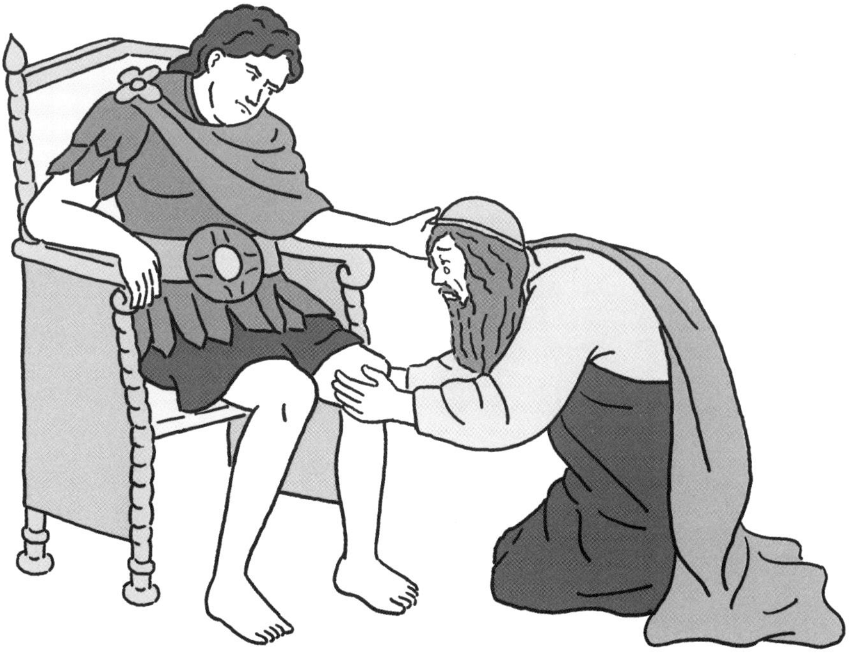

普里阿摩斯在阿基里斯面前跪下，請求他歸還兒子的遺體。

眾神對特洛伊戰爭的看法（根據《伊利亞德》）

支持希臘同盟軍		支持特洛伊軍
●希拉 沒被帕里斯選擇的怨恨	VS	●阿芙蘿黛蒂 因為被帕里斯選擇
●雅典娜 沒被帕里斯選擇的怨恨		●阿瑞斯 跟阿芙蘿黛蒂共同進退
●波賽頓 對特洛伊先王拉俄墨冬 沒遵守約定懷有怨恨		●阿波羅 對卡珊德拉有圖
●赫菲斯托斯 找阿瑞斯的碴		●阿提米絲 跟阿波羅共同進退
●特提斯 為了兒子阿基里斯		宙斯選擇中立

50 阿基里斯的結局

最強的戰士也並非不死之身，唯一的弱點是腳踝

女神特提斯生下阿基里斯後，很快就前往冥府，為了把阿基里斯變為不死之身，她將嬰兒的身體浸到了斯堤克斯河的河水裡。**但是因為她緊緊抓住腳踝，那裡成了阿基里斯唯一的弱點。**

阿基里斯成長到一定歲數後，就被寄托給半人馬賢者凱隆（*），接受文武雙全的教育，阿基里斯嚮往自己能作為英雄名揚天下，現實中他也成為希臘最強的戰士。

特提斯一面覺得自己的兒子可靠，又擔憂預言說他出征到遙遠的戰場會死亡。當她聽說特洛伊遠征時，她讓阿基里斯穿上女裝，並把他藏在了斯基羅斯島。

她可能認為將兒子藏在只有女性的社會應該不會被搜索吧，但現實沒有這麼簡單，阿基里斯潛藏的地點被知道後，奧德修斯偽裝成商人，輕鬆看穿誰是阿基里斯。他陳列許多商品，其他女性都拿起首飾來看，只有一人對武器感興趣，完全沒有要偽裝的意思。

跟母親想法相反，阿基里斯自己希望能上戰場，之後的發展也絲毫不拖泥帶水，阿基里斯如眾人所期望地活躍於最前線。

特洛伊軍因赫克特被擊敗而消沉後，援軍接二連三到來，因此士氣也恢復了。**而且王子帕里斯第一箭瞄準阿基里斯的腳踝，第二箭則射往他的胸口，成功擊敗阿基里斯。**即使是最強的戰士，被打中唯一的弱點也是會殞命的。

用語解說

＊ **凱隆**　性情溫柔，受到阿波羅跟阿提米絲的教育。

帕里斯瞄準阿基里斯的腳踝射箭，讓阿基里斯死亡。

流傳後世的希臘神話

難以克服的弱點

阿基里斯唯一的弱點是腳踝，由於這則軼事，使得腳踝上的肌腱被稱為「阿基里斯腱」。人類的身體有幾個無論如何鍛鍊也不會變壯的部位，阿基里斯腱就是其中的代表例。

另外「阿基里斯腱」也有最大的弱點的意思，例如說「攻擊他的阿基里斯腱」。

阿基里斯的相關人物圖

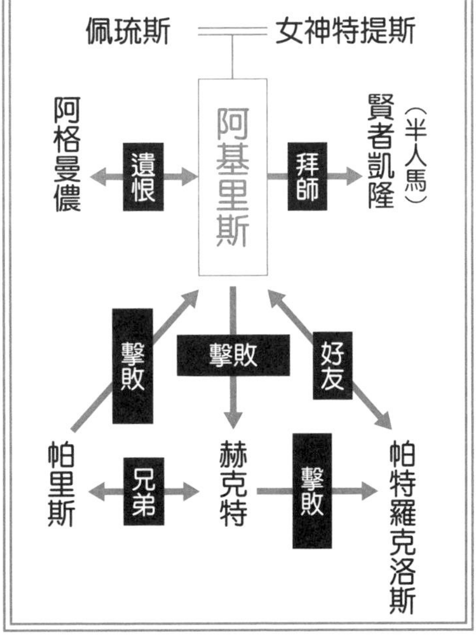

51 左右特洛伊命運的木馬之計

智者奧德修斯在堅不可摧的特洛伊城前發揮了本領

特洛伊軍失去了赫克特，但全希臘同盟軍也失去了阿基里斯。

雖然同盟軍維持整體優勢，然而單純的攻擊並不足以攻陷特洛伊城，戰場局勢陷入膠著。

若演變成長期戰爭會對遠征軍不利，於是奧德修斯想出奇策。

他打造了可以裝進50位伏兵的巨大木馬，並留下「作為回國的謝禮，獻給女神雅典娜」的文字放置原地，全軍遠遠撤退到海上。

這擺明是陷阱。但眾神也已經有終戰的共識，所以即使特洛伊公主兼預言家的**卡珊德拉**（＊）看穿有伏兵，也沒有人願意聽她的話。阿波羅神殿的祭司**勞孔**也指出這是陷阱，然而他卻被突然從海中現身的兩隻大蛇給絞死了。

特洛伊的官兵將木馬當作戰利品運回城內，當晚便舉辦慶祝勝利的盛大宴席。**他們自然疏於警戒。從木馬中出來的伏兵們放出暗號，同盟軍也從海上再度上陸，而特洛伊的士兵絲毫未覺。**

城裡的人注意到異狀時已經太遲了。同盟軍蜂擁進入特洛伊城，於是持續10年以上的特洛伊戰爭也輕而易舉地劃下了句點。海倫也被帶回斯巴達國王的身邊。

特洛伊軍生還的只有被視為阿芙蘿黛蒂兒子的**埃涅阿斯**一家，他們抵達義大利半島的後代子孫中，也出現其後成為羅馬人祖先的**羅穆勒斯**。

用語解說

＊ **卡珊德拉**　和阿波羅間有男女關係。

特洛伊人不知道希臘兵躲在其中，將巨大木馬運到了城裡。

流傳後世的希臘神話

驚人的東西入侵

木馬本身沒有威脅性，輕易讓特洛伊淪陷的是裡面的伏兵。

現在的IT業界也有「特洛伊木馬」。這些程式或數據乍看無害，卻會因某些契機而造成電腦威脅的軟體。特洛伊的英文是Troy 。

特洛伊王室的族譜

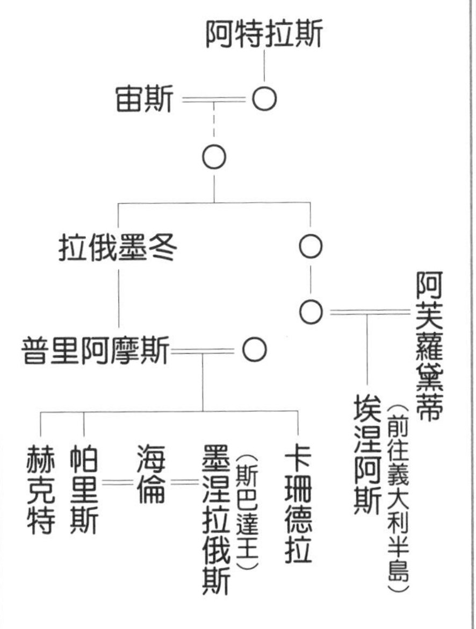

52 獨眼巨人的洞窟

同伴被吃了！奧德修斯想出對策

奧德修斯在特洛伊戰爭中取得勝利，志氣高昂地踏上歸途。**在某個港上岸時，他帶著12名屬下及葡萄酒前往偵查，並發現巨大的洞窟。**

洞窟內儲藏大量乳製品，他們一行人吃著起司，等待洞窟主人回來。

但是到了傍晚，他們看見洞窟主人後，相當驚愕，那不是人類，而是名為**波利菲莫斯**的**巨人（獨眼巨人）**。

波利菲莫斯吃掉奧德修斯的其中兩名屬下後，便馬上去睡覺，奧德修斯打算殺了波利菲莫斯，但波利菲莫斯用巨岩擋住入口，沒有他的力量應該是移不開的，所以他當晚沒有馬上行動。

隔天早上跟傍晚，巨人又各吃了兩人，此時奧德修斯的作戰開始了。他讓巨人喝下葡萄酒，並謊稱自己的名字是「**烏提斯**（＊）」，當時波利菲莫斯已經醉茫茫，比前一晚更快就入睡了。

奧德修斯見狀，和四名屬下一起扛起橄欖樹幹，刺向波利菲莫斯的獨眼，並用力轉動插入。

波利菲莫斯因為劇痛而醒來哭喊，住在其他洞窟的獨眼巨人們聚集過來想一探究竟，但聽到波利菲莫斯說「沒有人傷害我」後，以為他睡迷糊了，便什麼也沒做地又回去了。

隔天早上，波利菲莫斯把家畜放到戶外時，一匹匹摸了牠們的背，試圖阻止奧德修斯他們騎乘逃走，**但波利菲莫斯沒有注意到他們緊抓著家畜的腹部，最終他們順利逃出，活著離開了。**

用語解說

＊ **烏提斯（Outis）**　意思是「誰都不是」、「誰也不～」（譯註：也可以翻為「沒有人」）。

奧德修斯用葡萄酒灌醉波利菲莫斯，並攻擊他的眼睛。

奧德修斯在特洛伊戰爭時的功蹟

1 全希臘同盟軍成立的關連

成為特洛伊戰爭契機的海倫，在她還單身時，國內有大批的求婚者來到她的面前。當時奧德修斯跟求婚者們約定：「不管誰跟海倫結婚，只要她的丈夫陷入困難，大家都要幫他。」海倫被帶到特洛伊後，其丈夫斯巴達王墨涅拉俄斯發出履行約定的請求，並結成了同盟軍。

2 阿基里斯參戰

看破阿基里斯的女裝，讓他參加特洛伊戰爭。

3 提出木馬作戰

提出將特洛伊戰爭導向勝利的作戰。

53 魔女喀耳刻的料理陷阱

奧德修斯派遣的偵查隊接二連三被變成了豬

奧德修斯逃離從獨眼巨人所在的島，**但獨眼巨人是波賽頓之子，所以奧德修斯受到波賽頓的詛咒，要花10年才能回到故鄉。**

奧德修斯從特洛伊出發時，船隊還有12艘船，經歷許多冒險，抵達艾尤島時，船艦已經只剩他本人搭乘的一艘了。

奧德修斯將剩下的40多位屬下分為兩隊，以抽籤抽中**歐里羅科斯**（Eurylochus）為隊長，派出23人的偵查隊。

但回來的只剩歐里羅科斯一人，他的模樣看起來很不尋常。詢問理由後，歐里羅科斯的報告內容相當驚人。

森林中有座被狼跟獅子守護的宅邸，**吃下女主人提供料理的人全都變成了豬，被關進了豬舍。**

只有歐里羅科斯什麼都沒吃，因而逃過一劫。奧德修斯聽到這件事後，獨自一人前往迎救下屬。

途中他偶遇神明荷米斯，荷米斯神告訴他，宅邸主人是魔法師女神**喀耳刻**（*）。荷米斯從地上拔了名為「摩莉」（Moly）的驅魔藥草，交給了奧德修斯。

拜此所賜，奧德修斯得以抵擋魔法，並成功跟喀耳刻和解，讓屬下們變回原本的樣子。

喀耳刻從荷米斯那裡聽說預言，有一名命中注定的男性會現身，而奧德修斯正是那個人。

用語解說

＊ **喀耳刻（Circe）**　太陽神海利歐斯的女兒，克里特王妃帕西淮的姊妹。

魔女喀耳刻將士兵們接二連三變成了豬。

流傳後世的希臘神話

變身故事的始祖

人類被魔法變成其他動物，這類題材在現代童話中也經常被使用，大概是受到希臘神話魔女喀耳刻的影響。

宮崎駿導演的作品《神隱少女》及《霍爾的移動城堡》等登場的魔女角色，如果要追溯其原型，源頭應該也可以說是喀耳刻吧。

喀耳刻的家譜

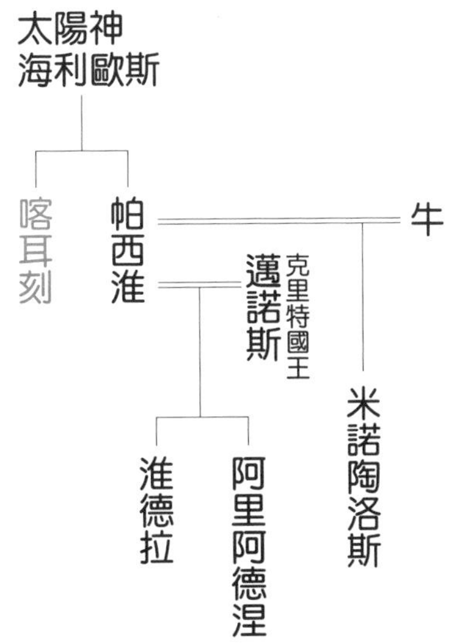

54 迷惑海上男兒們的賽蓮

奧德修斯在喀耳刻的計策下從死亡歌聲中逃出

奧德修斯在喀耳刻身邊度過一年的自在生活後，為聽取預言，要去冥府一趟，他再度啟航。

前往伊薩卡島的航線中最初的難關是「賽蓮之島」。這片海域有許多名為賽蓮的怪物棲息，牠們有著人類女性臉孔和鳥類的身體。**牠的美麗歌聲據說會誘使人上陸，被誘使的人到死都會不斷聽到歌聲。**

奧德修斯從喀耳刻那裡聽說後，便想了對策，他讓屬下們用蜜蠟封住耳朵，為了只讓自己一個人聽到歌聲，他將自己綁在了船桅上。

結果聽到歌聲後奧德修斯無法忍耐，拚命大喊：「解開繩子！」

但事先被細心叮囑過的屬下們沒有聽從命令，**托此之福，一行人沒有出現犧牲者就通過了難關。**

原本特洛伊戰爭背後包含神明想要想藉此削減過量人口的計策，**所以同盟軍的官兵們也都並中注定在歸國途中或是回國後死亡。**因此奧德修斯一行人每次遇上困難時，人數就會減少，最終他們的船被宙斯的雷電破壞，生還的眾人全都掉入海中。

其他人的安危不明，只有奧德修斯經過卡呂普索之島（*）和菲亞西亞人（Phaeacia）之國，活著回到伊薩卡島。

伊薩卡島上的王妃**珀涅羅珀**（Penelope）正因求婚者眾多而陷入困境，奧德修斯將那些人全都殺了，在出征20多年後，總算回到了原本的生活。

用語解說

＊ **卡呂普索（Calypso）之島**　正確的名字是奧吉吉亞島（Ogygia）。奧德修斯在這個島上當了寧芙卡呂普索的情夫7年。

奧德修斯為了只讓自己一人聽到歌聲，將自己綁在了船桅上。

奧德修斯的漂流路徑

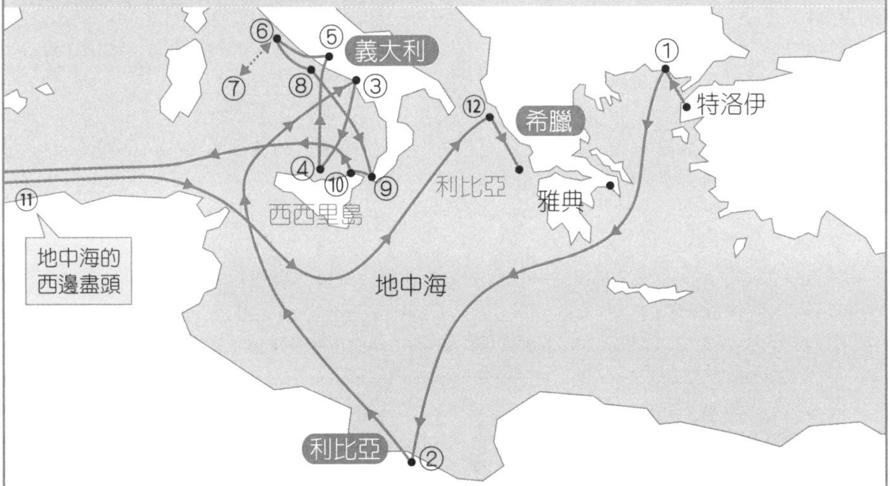

①基科涅斯人之國
②食蓮人之國
③獨眼巨人之國
④艾奧羅斯之島
⑤萊斯特呂戈之國
⑥喀耳刻之島（艾尤島）
⑦冥府
⑧賽蓮之島
⑨美西納海峽
⑩海利歐斯之島
⑪卡呂普索之島
⑫菲亞西亞人之國

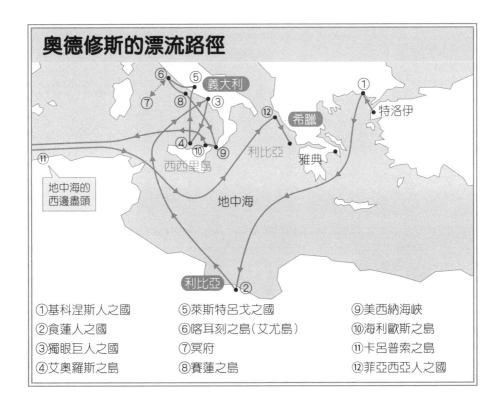

特洛伊考古遺跡

考慮到古希臘人活動所及範圍，希臘神話的聖地並不侷限於現在希臘的國境內。

在土耳其共和國裡的特洛伊考古遺址，被稱為希臘國際之外最大的聖地。

特洛伊在古希臘語中稱為「Troia」，是歷經10年以上大戰的舞台，但在基督教時代，逐漸有許多聲音懷疑特洛伊戰爭只是神話故事，其實並不存在，且普遍認為不可能發現真正的遺址。

因此發現特洛伊遺址並不是專門的考古學家，這件大事是德國企業家海因里希・施里曼因熱愛特洛伊而達成的創舉。那是西元1871年的事。

至今為止的挖掘調查，可以將特洛伊的考古遺跡細分為46層，粗略可分為9層，已知最古老的部分約為西元前3000年左右，較新的部分則是西元400年左右。

現在該地已成為觀光景點，穿過大門，馬上就能看到巨大木馬的複製品歡迎遊客。

從過去的正門斯卡亞城門（Scaean Gate，南門）遺跡開始，有瞭望塔、美格隆（megaron）式住家遺跡、聖地、小劇場、雅典娜神殿、東塔、東城牆等分布其中。

如果根據神話敘述，阿基里斯殺害赫克特的地點是在南門外，也就是南側。

特洛伊遺址的東塔跟城牆遺跡

索引——本書中登場的主要角色

※依照英文字母排序，數字為對應篇目（非頁數）

國家圖書館出版品預行編目資料

趣味希臘神話／島崎晋著；張資敏譯.
一 初版. 一 臺中市：晨星出版有限公司, 2022.04
面；公分. 一（知的！；190）

譯自：眠れなくなるほど面白い 図解ギリシャ神話

ISBN 978-626-320-088-3（平裝）

1.CST: 希臘神話

284.95 111000959

知的！190

趣味希臘神話

眠れなくなるほど面白い 図解 ギリシャ神話

作者 島崎晋
內文插圖 竹口睦郁
內文設計 Isshiki
譯者 張資敏
編輯 許宸碩
校對 曾盈慈、許宸碩
封面設計 Ivy_design
美術設計 曾麗香

創辦人 陳銘民
發行所 晨星出版有限公司
407台中市西屯區工業30路1號1樓
TEL：（04）23595820
FAX：（04）23550581
http://star.morningstar.com.tw
行政院新聞局局版台業字第2500號
法律顧問 陳思成律師
初版 西元2022年4月1日 初版1刷

讀者服務專線 TEL：（02）23672044 /（04）23595819#212
讀者傳真專線 FAX：（02）23635741 /（04）23595493
讀者專用信箱 service @morningstar.com.tw
網路書店 http://www.morningstar.com.tw
郵政劃撥 15060393（知己圖書股份有限公司）
印刷 上好印刷股份有限公司

定價350元

ISBN 978-626-320-088-3
"NEMURENAKUNARUHODO OMOSHIROI ZUKAI GIRISHA SHINWA"
by Susumu Shimazaki

First published in Japan by NIHONBUNGEISHA Co., Ltd., Tokyo

This Traditional Chinese edition is published by arrangement with NIHONBUNGEISHA Co., Ltd., Tokyo in care of Tuttle-Mori Agency, Inc., Tokyo through Future View Technology Ltd., Taipei.